IMPRIMÉ EN U.E.

© éditions AEDIS 03200 VICHY
ISBN 978-2-84259-741-2
Crédit photographique : Bridgeman - Corbis
Dépôt légal : mai 2014

Femmes célèbres

Florence Fréchet

Chronologie

Sommaire

PRÉHISTOIRE	p. 6
ANTIQUITÉ	p. 6
MOYEN ÂGE	p. 8
RENAISSANCE	p. 11
Angleterre	p. 13
Arts	p. 15
XVIIe SIÈCLE	p. 16
À la cour de France	p. 16
Royaumes étrangers	p. 17
Littérature	p. 18
Salons littéraires	p. 18
Musique	p. 19
Peinture	p. 19
Théâtre	p. 20
Personnalités originales	p. 20
XVIIIe SIÈCLE	p. 22
Empire russe	p. 22
À la cour de France	p. 23
Personnalités de la Révolution française	p. 24
Littérature	p. 25
Salons littéraires	p. 26
Musique	p. 27
Peinture et sculpture	p. 27
Sciences	p. 28
Spectacles	p. 29
Les « merveilleuses » du Directoire	p. 30
Pirates	p. 31
XIXe SIÈCLE	p. 32
Éducation, médecine, sciences	p. 32
Féminisme aux États-Unis	p. 34
Féminisme en France	p. 34
Féminisme en Grande-Bretagne	p. 36
Littérature française	p. 36
Littérature étrangère	p. 37
Musique	p. 39
Peinture et sculpture	p. 39
Photographie	p. 40
Spectacles	p. 40
Personnalités originales	p. 42
Reines, impératrices	p. 43
XXe SIÈCLE	p. 45
Architecture et décoration	p. 46
Chanson et music-hall	p. 46

Les plus grandes chanteuses de jazz	p. 47
Cinéma et théâtre	p. 48
Actrices américaines	p. 48
Actrices françaises	p. 49
Femmes metteurs en scène	p. 49
Réalisatrices	p. 50
Les plus grandes danseuses classiques	p. 51
Chorégraphes de danse moderne	p. 51
Danse contemporaine	p. 52
Littérature française	p. 52
Littérature étrangère	p. 54
Littérature policière	p. 56
Littérature jeunesse et bande dessinée	p. 56
Mode	p. 57
Musique	p. 58
Opéra	p. 59
Peinture	p. 60
Muses et mécènes	p. 62
Photographie	p. 62
Sculpture	p. 63
Éducation, médecine	p. 64
Féminisme	p. 65
Journalisme	p. 68
Politique France	p. 69
Politique monde	p. 70
Chefs d'État	p. 71
Héroïnes de guerre	p. 72
Les Mères de la place de Mai	p. 73
Militantes antiracisme	p. 73
Révolutionnaires	p. 74
Criminelles, dictateurs, espionnes	p. 76
Religion	p. 77
Prix Nobel de la paix	p. 78
Royauté	p. 79
Sciences	p. 81
Prix Nobel des sciences	p. 84
Sports	p. 84
Alpinisme et escalade	p. 84
Athlétisme	p. 85
Aviation	p. 85
Cyclisme	p. 86
Escrime	p. 87
Gymnastique	p. 87
Judo	p. 87
Natation	p. 88
Patinage	p. 88
Ski	p. 89
Skieuses médaillées olympiques françaises	p. 89
Tennis	p. 90
Voile	p. 91
Deux personnalités hors norme	p. 91

LA VIE EXCEPTIONNELLE ou héroïque de la plupart des femmes dont il va être question dans cet ouvrage a inspiré tous les courants artistiques.

Citons la littérature (légendes, poésie, romans, théâtre…), l'art lyrique et la danse, la peinture et la sculpture, le chant et le music-hall, la photographie et le cinéma…

Elles ont aussi influencé, au fil des siècles, beaucoup d'autres domaines tels que l'art culinaire, la décoration, l'horticulture, la coiffure, le maquillage, la mode, le parfum…

Leurs talent, génie et inventivité ont apporté une large contribution aux progrès artistiques, éducatifs, médicaux, scientifiques ou encore sportifs.

Leurs combats et leurs actions ont permis l'adoption (ou l'abrogation) de lois importantes et ont contribué à améliorer la condition féminine partout dans le monde.

Considérées comme « inférieures » pendant des siècles, longtemps brimées ou exclues, les femmes ont su, par leur ténacité et leur courage, démontrer l'importance et la spécificité de leur rôle dans la société.

L'histoire n'a pas fini de nous faire parler d'elles…

L'auteure ne prétend pas avoir dressé une liste exhaustive, les lecteurs lui pardonneront les inévitables oublis.

PRÉHISTOIRE

Lucy

Lucy est certainement la plus ancienne ancêtre féminine (**+ de 3 millions d'années**) connue à ce jour. Son squelette d'australopithèque a été découvert en 1974 au sud de l'Éthiopie.
On peut la considérer comme la « cousine » de nos civilisations…

ANTIQUITÉ

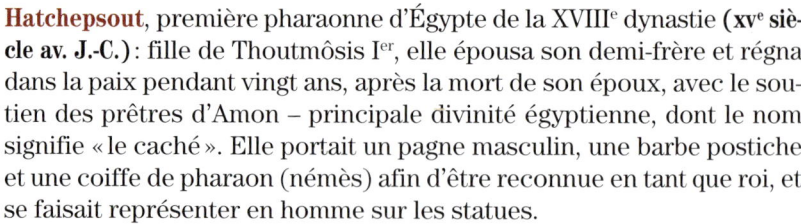

Hatchepsout

Hatchepsout, première pharaonne d'Égypte de la XVIIIe dynastie (**XVe siècle av. J.-C.**) : fille de Thoutmôsis Ier, elle épousa son demi-frère et régna dans la paix pendant vingt ans, après la mort de son époux, avec le soutien des prêtres d'Amon – principale divinité égyptienne, dont le nom signifie « le caché ». Elle portait un pagne masculin, une barbe postiche et une coiffe de pharaon (némès) afin d'être reconnue en tant que roi, et se faisait représenter en homme sur les statues.

Néfertiti, pharaonne d'Égypte d'une grande beauté, régna au XIVe siècle av. J.-C. Épouse d'Aménophis IV Akhenaton (un des derniers rois de la XVIIIe dynastie), elle gouverna avec lui et l'influença, le poussant à la célébration d'un dieu unique : Aton (disque solaire). Sa mort reste mystérieuse et son tombeau est introuvable.

Néfertiti

Néfertari, « la plus belle de toutes » : reine d'Égypte, la préférée d'entre les huit épouses de Ramsès II, elle régna au XIIIe siècle av. J.-C. Très aimée et estimée par le pharaon, elle l'influença avec sagesse et celui-ci, par reconnaissance, lui fit construire un petit temple à Abou Simbel ainsi que la plus belle tombe dans la vallée dite « des Reines ».

Sappho, poétesse lyrique grecque, vécut de **620 environ à 580 av. J.-C.**, sur l'île de Lesbos, où elle dirigeait une école féminine de poésie et de musique de grande renommée. Mariée, elle avait une fille mais ne cachait pas ses penchants homosexuels, évoqués dans ses poèmes (neuf livres dont il ne reste que des fragments). La légende prétend qu'elle se serait suicidée en se jetant dans la mer.
Le nom de Sappho a donné le terme « saphisme » et Lesbos celui de « lesbienne ».

Cléopâtre

Cléopâtre VII, dite « la Reine courtisane » (**69-30 av. J.-C.**) : deuxième reine d'Égypte, célèbre pour sa beauté et son intelligence, elle régna de 51 à 30 av. J.-C.
Elle épousa son frère Ptolémée XIV, devint la maîtresse du consul romain Jules César, puis séduisit Marc Antoine après l'assassinat de Jules César. Elle se suicida à 39 ans, mordue par une vipère, ne pouvant accepter la victoire du futur empereur Auguste.

Octavie

Julia Domna

Hypatie d'Alexandrie

Octavie (69-11 av. J.-C.) : sœur du premier empereur romain, Auguste, nièce de Jules César et épouse de Marc Antoine en 40 av. J.-C., elle fut une fine négociatrice politique, l'une des femmes les plus admirées de l'histoire romaine et la première à avoir des pièces de monnaie à son effigie.

Julia Agrippina, dite « Agrippine la Jeune » **(15-59 après J.-C.)** : fille du général Germanicus, sœur de l'empereur Caligula, elle épousa en troisièmes noces (50 après J.-C.) son oncle Claude à qui elle fit adopter son fils Néron, au détriment du fils de l'empereur, Britannicus. En 54, elle fit empoisonner son mari afin que Néron règne à sa place. Ce dernier fit à son tour empoisonner Britannicus – par Locuste, meurtrière condamnée à mort en 69 –, puis ordonna l'assassinat de sa mère.

Julia Domna (vers 170-217) : impératrice romaine d'origine syrienne, seconde épouse du sénateur Septime Sévère et mère de Caracalla. Elle gouverna avec son fils, voyageant beaucoup. Tous deux étaient particulièrement cruels et avides de pouvoir. Quand son fils fut assassiné, elle se serait laissée mourir de faim.

Hypatie d'Alexandrie (vers 370-415) : considérée comme la première femme scientifique et philosophe grecque, elle écrivit des traités de géométrie, mathématiques et astronomie, tout en donnant des cours. Païenne, on voulut la convertir au christianisme et, devant son refus, des émeutiers la lapidèrent.

Galla Placidia (vers 390-450) : princesse romaine, fille de Théodose Ier le Grand, elle gouverna l'empire d'Occident pendant la minorité de son fils Valentinien III, de 425 à 450. Elle est un cas unique de femme ayant eu le pouvoir dans l'histoire de l'Empire romain.

Autres femmes célèbres de l'Antiquité

Peseshet, une des premières femmes médecins de l'Égypte antique (vers 2 700 av. J.-C.).

Clélie, héroïne romaine qui traversa le Tibre à la nage pour échapper au roi des Étrusques (507 av. J.-C.).

Aspasie (470-400 av. J.-C.), courtisane athénienne d'origine asiatique, aimée de Périclès et Socrate.

Phryné, courtisane grecque, modèle et maîtresse du sculpteur Praxitèle ainsi que du peintre Apelle, elle fut l'« Aphrodite » de leurs œuvres (vers 370 av. J.-C.).

Agnodice, qui fut une des premières femmes gynécologues en Grèce. Déguisée en homme pour suivre les cours, elle permit le vote d'une loi autorisant les femmes à apprendre la médecine (350 av. J.-C.).

Thaïs, courtisane grecque qui séduisit le poète Ménandre, puis suivit Alexandre le Grand en Asie et vécut ensuite avec le pharaon Ptolémée Ier (vers 330 av. J.-C.).

Roxane, épouse d'Alexandre le Grand (327 av. J.-C.).

Marie de Nazareth, mère de Jésus-Christ, vénérée par les chrétiens catholiques et orthodoxes dans le monde entier depuis le IVe siècle.

Messaline, femme de l'empereur Claude et débauchée célèbre (vers 25-48 ap. J.-C.).

Poppée, connue pour sa beauté entretenue par des bains de lait d'ânesse. Elle aurait été tuée par son mari, l'empereur Néron, d'un coup de pied au ventre alors qu'elle était enceinte (65).

Velléda, prophétesse germanique vénérée comme une déesse, qui soutint Civilis, chef barbare, contre les Romains (69).

Éponine, héroïne gauloise qui s'opposa à l'empereur romain Vespasien et fut exécutée (79).

Frédégonde

Héloïse

Aliénor d'Aquitaine

Bérénice, fille d'Agrippa Ier (roi de Judée). Elle fut aimée de Titus, mais Rome refusa leur mariage (79); cette histoire inspira les auteurs Jean Racine et Pierre Corneille.
Blandine (177) et **Cécile** (232), martyres chrétiennes.
Zénobie, reine de Palmyre (Syrie) (267).
Catherine d'Alexandrie, martyre (307).
Hélène, impératrice romaine, préservant les lieux saints de Jérusalem (325).
Égérie, qui entreprit un pèlerinage jusqu'en Terre sainte et fit le récit de ses voyages (384).
Pulchérie, impératrice d'Orient (399-453).
Eudoxie, impératrice d'Orient exilée à Jérusalem, y écrivant des poèmes et des ouvrages théologiques (443).
Geneviève (432-512), qui aurait convaincu les Parisiens de résister contre Attila.

MOYEN ÂGE

Frédégonde, dite « la Reine sanguinaire » **(vers 545-597)** : servante à la cour de Chilpéric Ier, roi de Neustrie (royaume franc de l'Ouest), belle, cruelle et intelligente, elle fut prête à tout pour prendre le pouvoir – empoisonnements, égorgements, strangulations – et fit assassiner les deux épouses successives du roi. Devenue reine en 568, elle fut soupçonnée d'avoir fait assassiner son mari en 584 afin de régner seule avec son fils, Clotaire II, qui devint roi de tous les Francs.

Brunehaut (543-613), fille du roi des Wisigoths et reine d'Austrasie (royaume franc de l'Est), elle administra avec efficacité son royaume après l'assassinat de son mari en 575, sur ordre de Frédégonde. Belle et puissante, elle dérangea cependant l'aristocratie. Le roi Clotaire II l'attacha à la queue d'un cheval furieux et la fit ensuite brûler.

Murasaki Shikibu (vers 978-vers 1014) : Japonaise, dame d'honneur à la cour de Kyoto, elle écrivit une fresque romanesque de 54 livres vers 1010, *Le Dit du Genji*, œuvre majeure de la littérature japonaise.

Hildegarde de Bingen (1098-1179) : religieuse allemande et médecin renommé vers 1112, elle écrivit les premières encyclopédies médicales et scientifiques (textes précurseurs sur la circulation sanguine, classification des animaux, minéraux et végétaux, conseils d'alimentation et d'hygiène). Elle composa aussi 77 chants symphoniques.

Héloïse (1101-1164) : théologienne et abbesse réputée d'Argenteuil (Val-d'Oise), nièce du chanoine Fulbert, elle aima son précepteur Abélard dont elle eut un fils.
Ils se marièrent en secret mais le scandale éclata : ils furent séparés, elle dut entrer au couvent et Abélard fut châtré vers 1117. Les lettres des deux amants, en latin, sont considérées comme les plus anciennes de l'amour romantique ; elles furent traduites en 1870.

Aliénor d'Aquitaine, dite « la Reine des troubadours » **(1122-1204)** : fille du duc d'Aquitaine Guillaume X, elle devint reine de France à 15 ans, en 1137, en épousant le roi Louis VII.
Elle accompagna son mari lors de la deuxième croisade, puis encouragea

Blanche de Castille

Inès de Castro

l'art courtois et la poésie quand elle eut sa cour à Poitiers (Vienne), où elle inspira les troubadours par sa beauté et sa gaieté – et son infidélité. Bernard de Ventadour, entre autres, écrivit des poèmes en son honneur. Répudiée, elle épousa ensuite Henri II Plantagenêt en 1152 et devint reine d'Angleterre à 30 ans.

Elle eut huit enfants, dont le célèbre Richard Ier Cœur de Lion.

Marie de France (1154-1189) : poétesse française qui vécut en Angleterre ainsi qu'à la cour de la reine Aliénor (vers 1170). Elle adapta les *Fables* d'Ésope et composa des *Lais* (contes bretons en vers) ; elle fut la première écrivaine.

Blanche de Castille (1188-1252) : mariée à 12 ans au futur roi de France Louis VIII, elle eut 12 enfants dont des jumeaux, fut reine en 1223, puis régente trois ans plus tard à la mort du roi.

Elle était très autoritaire et très pieuse. Son fils Louis IX (dit « Saint Louis ») devint roi en 1234 et épousa **Marguerite de Provence** (1221-1295) qui l'accompagna en Égypte.

Lors de la septième croisade (1248-1254), Blanche de Castille fut à nouveau régente, de 1248 à sa mort.

Marguerite de Bourgogne (1290-1315) : petite-fille de Saint Louis, fille d'Agnès de France (1260-1325), elle épousa Louis X le Hutin en 1305 et devint reine de Navarre et de France en 1314. Peu après, elle fut emprisonnée pour adultère (l'affaire de la tour de Nesle) et mourut dans sa cellule (peut-être de froid ou assassinée).

Ses deux belles-sœurs, **Jeanne de Bourgogne** (1293-1349) et **Blanche de Bourgogne** (1296-1326), furent aussi emprisonnées, pour les mêmes raisons.

Isabelle de France, dite « la Louve de France » (1292-1358) : fille de Philippe IV le Bel, reine d'Angleterre par son mariage avec Édouard II en 1308, elle fit assassiner son mari (avec l'aide de son amant) et prit la régence. Son fils Édouard III devint roi en 1330 et la fit emprisonner à vie.

Inès de Castro (1320-1355) : maîtresse du prince Pierre de Portugal, avec qui elle eut quatre enfants, elle fut assassinée sur ordre de son beau-père le roi Alphonse IV. Lorsque Pierre fut couronné roi en 1357, il fit déterrer et couronner le cadavre de sa bien-aimée, et exécuter les assassins. Cette histoire inspira la pièce *La Reine morte* d'Henry de Montherlant.

Christine de Pisan (1364-1430) : philosophe et poétesse française d'origine italienne, elle écrivit des traités politiques, des rondeaux et ballades ainsi que *La Cité des dames* en 1405, considérée comme le premier ouvrage féministe. Elle fut aussi la première écrivaine à vivre de sa plume.

Isabeau de Bavière

Jeanne d'Arc

Agnès Sorel

Anne de Bretagne

Isabeau de Bavière (1371-1435) : épouse de Charles VI, elle devint reine de France à 16 ans, eut 12 enfants et assuma la régence quand son mari devint fou en 1392. Maîtresse de son beau-frère Louis d'Orléans, elle se rallia aux Bourguignons et reconnut le roi d'Angleterre comme héritier du trône de France (traité de Troyes en 1420).

Jeanne d'Arc, dite « la Pucelle d'Orléans » (1412-1431) : née à Domrémy en Lorraine, elle prétendit avoir entendu des « voix célestes » lui commandant de sauver la royauté – presque la moitié de la France étant sous dominance anglaise, en pleine guerre de Cent Ans.
Aidée du capitaine Baudricourt qui lui octroya une épée et un cheval, elle rencontra Charles VII à Chinon (Indre-et-Loire) en 1429 et arriva à le convaincre de lui procurer une armée. À la tête de cette troupe, elle délivra Orléans (Loiret) des Anglais en quatre jours, bien que blessée.
Le jeune dauphin fut couronné à la cathédrale de Reims (Marne) et put reconquérir les villes d'Île-de-France, mais Jeanne ne put reprendre Paris. En mai 1430, elle défendit Compiègne (Oise), où elle fut capturée par les Bourguignons, qui la vendirent aux Anglais. Emprisonnée à Rouen (Seine-Maritime), jugée devant un tribunal religieux où son calme et son intelligence désarçonnèrent ses adversaires, elle fut déclarée sorcière et hérétique, puis brûlée vive dans cette même ville.

Agnès Sorel, dite « la Dame de Beauté » (vers 1422-1450) : née en Touraine, elle fut présentée au roi Charles VII en 1443 et nommée dame d'honneur de la reine **Marie d'Anjou** (1404-1463) – qui épousa Charles VII en 1422 et lui donna 13 enfants dont le futur Louis XI.
Agnès devint la favorite du roi, leur liaison fut vite affichée : elle fut la première maîtresse officielle d'un roi de France. Celui-ci lui offrit, entre autres, le château de Beauté-sur-Marne (Val-de-Marne).
La légende prétend qu'elle eut beaucoup d'influence sur la politique du roi. Elle était également réputée pour sa grande élégance. Elle eut quatre filles mais mourut brutalement, de façon inexplicable, peut-être d'empoisonnement.

Anne de Bretagne (1477-1514) : fille de François II, elle devint reine de France en épousant Charles VIII en 1491, lui apportant son duché de Bretagne. Mais elle perdit ses trois fils, puis son mari en 1498.
Son « livre d'Heures » (livre de prières qu'elle commanda) est célèbre par la beauté de ses enluminures. Elle est le personnage historique le plus populaire de Bretagne. En 1499, elle se remaria avec Louis XII ; elle fut donc deux fois reine de France mais perdit à nouveau deux fils. Seule sa fille **Claude de France** (1499-1524) survécut – les prunes reines-claudes ont été ainsi nommées en son honneur – et épousa le futur François Ier en 1514, mais elle mourut en couches à 25 ans, épuisée par huit grossesses successives (un de ses fils sera le futur roi de France Henri II).

Autres femmes remarquables du Moyen Âge

Marguerite de Navarre

Diane de Poitiers

Clotilde (475-545), épousa Clovis Ier et le poussa à se convertir (il fut le premier roi des Francs chrétiens).

Suiko (554-628), première femme à occuper le trône impérial japonais et première souveraine bouddhiste du Japon.

Berthe de Laon dite « Berthe au grand pied » (720-783), épouse de Pépin le Bref, reine de France, mère de Charlemagne.

Irène (752-803), impératrice d'Orient qui fit crever les yeux de son fils pour régner à sa place.

Judith de Bavière (800-843), impératrice d'Occident, son fils Charles II fut roi des Francs.

Dhuoda (800-843), épouse du duc de Septimanie (sud de la Gaule), qui écrivit un traité d'éducation pour son fils en 841, considéré comme le premier livre de morale.

Zoé Porphyrogénète (978-1050), impératrice byzantine.

Trotula di Ruggerio, sage-femme célèbre du XIe siècle et enseignante à l'université de Salerne (Italie).

Thamar (1160-1213), reine de Géorgie.

Laure de Noves (1310-1348), belle Italienne qui fut la muse du poète Pétrarque durant plus de vingt ans (1325-1348).

Marguerite Valdemarsdotter (1387), reine de Danemark, de Norvège et de Suède.

Marguerite d'Anjou (1430-1482), épouse d'Henri VI, reine d'Angleterre, elle s'illustra lors de la guerre des Deux-Roses.

Jeanne Laisné (dite «Jeanne Hachette») (1456-?), héroïne qui défendit courageusement la ville de Beauvais (Oise), armée juste d'une hache, contre l'assaut des troupes de Charles le Téméraire (1472).

Isabelle la Catholique (1451-1504), reine d'Aragon et de Sicile, qui encouragea le voyage de Christophe Colomb en 1492 mais organisa la terrible Inquisition.

RENAISSANCE

Marguerite d'Autriche (1480-1530) : fille de l'empereur Maximilien Ier, elle fut infante d'Espagne en 1496, duchesse de Savoie en 1501 puis régente des Pays-Bas en 1507, par trois mariages qui la laissèrent trois fois veuve et sans enfants. Elle dirigea avec fermeté et intelligence les provinces du Nord, se montrant fine négociatrice politique. Elle signa la paix des Dames en 1529 avec **Louise de Savoie (1476-1531)**, mère de François Ier et régente de France pendant les campagnes de son fils en Italie en 1515 et 1525. Marguerite mourut de la gangrène et Louise de la peste.

Marguerite de Navarre (ou **Marguerite d'Angoulême**) **(1492-1549)** : fille de Louise de Savoie et de Charles d'Orléans, sœur de François Ier, elle devint reine de Navarre en 1527 et eut une fille, Jeanne d'Albret. Protectrice des humanistes et des réformés (Calvin) ainsi que des artistes, écrivains et poètes (Louise Labé, Clément Marot, François Rabelais), elle fait partie des premières femmes écrivains : elle rédigea des poésies, des comédies et des contes dont *L'Heptaméron* (72 nouvelles pour sept jours) vers 1545. Elle mourut peu après d'une pneumonie.

Diane de Poitiers, dite « la Plus-que-reine » **(1499-1566)** : dame d'honneur de la reine Claude, puis de la reine Éléonore, elle devint la favorite du roi Henri II vers 1538 (elle a 39 ans et lui 19). Il lui offrit de somptueux bijoux royaux ainsi que le château de Chenonceau (Indre-et-Loire). Mécène et réputée pour sa grande beauté, elle inspira de nom-

Catherine de Médicis

Jeanne d'Albret

Marguerite de Valois

breux peintres (dont François Clouet) et des poètes (Pierre de Ronsard). Elle influença la politique du roi en faveur des Guise et des catholiques au détriment des protestants.

Elle éleva la fille qu'Henri II eut de sa maîtresse italienne : **Diane de France** (1538-1619), qui éduqua le dauphin Louis XIII en 1594. Elle finit sa vie dans son célèbre château d'Anet (Eure-et-Loir).

Catherine de Médicis, dite « la Reine noire » **(1519-1589)** : fille de Laurent II de Médicis et de **Madeleine de La Tour d'Auvergne** (1498-1519), elle fut élevée en Italie. Très cultivée et passionnée d'art, première reine mécène qui protégea de nombreux artistes (poètes, peintres et musiciens), elle fit construire le palais des Tuileries à Paris. Elle épousa Henri II en 1533 et devint reine de France de 1547 à 1559.

Elle eut dix enfants dont la future reine d'Espagne (Élisabeth), la future reine de Navarre (Marguerite), ainsi que trois futurs rois de France : François II, Charles IX et Henri III (aucun n'eut d'héritier : ce fut la fin des Valois). Elle aurait aimé réconcilier les catholiques et les protestants (notamment par le mariage de sa fille Marguerite avec le roi protestant Henri de Navarre), mais, pour conserver le pouvoir, elle décida du massacre de la Saint-Barthélemy en août 1572, à Paris, où plus de 3 000 protestants furent tués.

Elle fut une figure marquante de la Renaissance et des guerres de Religion, une femme ambitieuse mais superstitieuse, qui mourut d'une pleurésie, sans avoir cessé de nombreuses démarches politiques et diplomatiques pour ses fils.

Jeanne d'Albret **(1528-1572)** : fille de Marguerite de Navarre, elle épousa le duc de Clèves en 1541, puis Antoine de Bourbon en 1548. Elle fut reine de Navarre de 1555 à 1572 et donna naissance à Henri en 1553 (le futur roi Henri IV). Elle se convertit au protestantisme en 1560 et le favorisa dans son royaume en prenant la tête du mouvement réformé huit ans plus tard. Elle négocia cependant le mariage d'Henri avec la fille des Médicis (catholiques) mais mourut de la tuberculose avant d'y assister.

Marguerite de Valois, dite « la reine Margot » **(1553-1615)** : fille d'Henri II et Catherine de Médicis, elle devint reine de Navarre en 1572 en épousant le futur roi de France Henri IV.

Très cultivée, mécène, elle reçut à la cour de Nérac (Lot-et-Garonne) des hommes de lettres comme Michel de Montaigne et écrivit des poèmes et des *Mémoires*. Sans enfants, vivant mal les tensions politiques, rejetée par la cour de France puis par son mari volage, elle eut de nombreux amants, choisit de prendre parti pour la Ligue catholique et contre la politique du roi, mais fut emprisonnée par son frère, le roi Henri III, en 1589. Son mariage avec Henri IV fut annulé en 1599 et elle quitta son exil forcé en Auvergne afin de revenir à Paris en 1605 où elle retrouva ses amis philosophes et poètes.

(Le roman *La Reine Margot* d'Alexandre Dumas la transforma en personnage légendaire, peu conforme à la réalité).

ANGLETERRE

Catherine d'Aragon

Catherine d'Aragon (1485-1536) : fille du roi d'Aragon et de la reine de Castille, elle fut la première épouse du roi d'Angleterre Henri VIII Tudor en 1509. Elle eut six enfants, dont seule Marie (née en 1516) survivra et sera reine d'Angleterre. Catherine fut répudiée en 1532.

Anne Boleyn (vers 1501-1536) : suivante de la reine Catherine, elle devint la maîtresse du roi vers 1525. Celui-ci l'épousa secrètement en 1533 (leur fille Élisabeth, née la même année, deviendra aussi reine d'Angleterre), mais, accusée de manière infondée de trahison, d'adultère et d'inceste – tandis que le roi s'affichait avec sa nouvelle maîtresse –, elle fut décapitée à la Tour de Londres.

Jeanne Seymour

Jeanne Seymour (1509-1537) : elle épousa le roi Henri VIII dix jours après l'exécution d'Anne Boleyn. En 1537, elle donna enfin un fils à Henri VIII, Édouard VI (de santé fragile), mais elle mourut peu après d'une infection.

Anne de Clèves (1515-1557) : elle fut la quatrième épouse du roi, en 1540 ; ce mariage, non consommé, fut annulé la même année.

Catherine Howard (1522-1542) : cousine d'Anne Boleyn, demoiselle d'honneur d'Anne de Clèves, Catherine épousa le roi juste après l'annulation du mariage avec Anne. Mais, ne donnant pas d'héritier, ayant des amants, elle fut emprisonnée puis, elle aussi, décapitée à la Tour de Londres, en 1541.

Anne de Clèves

Catherine Parr (1512-1548) : elle reste la sixième et dernière épouse, en 1543, du roi Henri VIII, qui décéda en 1547.
On notera que Charles Perrault s'inspira de ce roi pour écrire le conte effrayant *Barbe-Bleue*.

Marie Ire Tudor, dite « Marie la sanglante » (Bloody Mary) **(1516-1558)** : fille d'Henri VIII et de Catherine d'Aragon, elle devint reine d'Angleterre et d'Irlande en 1553 en faisant décapiter **Jeanne Grey** (dite « Reine de neuf jours ») **(1537-1554)** qui, désignée comme l'héritière du jeune roi Édouard VI mourant, ne fut reine que brièvement, à 17 ans.
Marie fut ensuite reine d'Espagne en épousant Philippe II en 1554, et, fervente catholique, elle fit persécuter et exécuter de nombreux protestants (d'où son surnom). Elle mourut sans enfants et Élisabeth Ire lui succéda sur le trône.

Catherine Howard

Élisabeth Ire d'Angleterre, dite « la Reine vierge » **(1533-1603)** : fille d'Henri VIII et Anne Boleyn, protestante, elle fut donc emprisonnée à la

Élisabeth Ire d'Angleterre

Tour de Londres par sa demi-sœur Marie en 1554 et échappa tout de même à la décapitation…

Devenue reine en 1558 à la mort de Marie, elle rétablit l'anglicanisme, restaura les finances, réussit à vaincre l'Invincible Armada espagnole, fonda les premières colonies britanniques et favorisa le commerce maritime, ce qui permit à Londres de surpasser Amsterdam et Anvers.

Elle protégea les arts et les lettres (d'où la notion de « théâtre élisabéthain », dont Shakespeare fut le plus célèbre auteur) et créa un système d'aide aux défavorisés. Mais, assoiffée de pouvoir et de vengeance, elle ne voulut pas se marier (tout en ayant de nombreux amants) et fit décapiter sa cousine Marie Stuart (reine d'Écosse) qui complotait contre elle. Après avoir régné plus de quarante-quatre ans, elle mourut sans descendants et fut ainsi la dernière représentante des Tudors.

Marie Stuart

Marie Stuart (1542-1587) : reine d'Écosse à 7 jours, elle fut éduquée à la cour de France, épousa en 1558 François II (roi de France de 15 à 16 ans, fils de Catherine de Médicis) et fut donc reine de France durant un an. Elle gouverna l'Écosse dès 1561 et épousa Henri Stuart, chef des catholiques, en 1565. Contrainte d'abdiquer en faveur de son fils en 1567, elle fut emprisonnée puis décapitée sur ordre d'Élisabeth Ire, étant soupçonnée de complot contre la reine d'Angleterre.

Ce drame inspira les auteurs Friedrich von Schiller, Walter Scott et Stephan Zweig.

ARTS

La Fornarina

Margherita Luti, dite « la Fornarina », car fille de boulanger (dates inconnues). D'une grande beauté, elle fut à Rome de 1508 à 1520 le modèle et le grand amour du peintre Raphaël.

Pernette du Guillet (1520-1545) : poétesse française et muse de Maurice Scève (qui écrivit *Délie* en son honneur), elle mourut de la peste à 25 ans.

Louise Labé, dite « la Belle Cordière », car fille et femme de cordiers **(1524-1566)**. Elle étudia le latin, l'italien et la musique, possédait une bibliothèque (ce qui était rare pour l'époque), tint un salon, écrivit des poésies et des élégies en 1555 (sur le thème de l'amour et inspirées de Pétrarque), fit partie de l'École lyonnaise (humanistes et poètes disciples de Maurice Scève).

Sofonisba Anguissola

Sofonisba Anguissola (1532-1625) : peintre italienne maniériste, elle fut peintre officielle de la cour d'Espagne en 1550 (une distinction rare pour une femme à cette époque). Ses cinq sœurs étaient toutes peintres.

Marietta Robusti

Marietta Robusti, dite « la Tintoretta » **(1554-1590)** : fille du peintre vénitien le Tintoret, elle fut collaboratrice de son père et portraitiste réputée. Elle mourut en accouchant.

Catherine de Parthenay (1554-1631) : protestante très cultivée, elle était douée pour les mathématiques, les sciences et l'astronomie.
Elle écrivait le latin, le grec et l'hébreu, et fut poète et dramaturge. Elle développa les Églises protestantes en Bretagne (1575), critiqua l'abjuration du roi Henri IV (1595), défendit ardemment la liberté du culte (édit de Nantes, en 1598), se conduisit héroïquement pour défendre le siège de La Rochelle (1627), puis fut emprisonnée l'année suivante (à 74 ans) et libérée en 1629.

Vittoria Archilei (vers 1555-vers 1620) : chanteuse d'opéra italienne, elle fut la première grande cantatrice.

Autres femmes remarquables de la Renaissance

Jeanne Ire de Castille, dite « Jeanne la Folle » (1479-1555) : ses deux fils, Charles Quint et Ferdinand, furent tous deux empereurs du Saint-Empire romain germanique et ses quatre filles furent reines.

Lucrèce Borgia (1480-1519) : italienne, fille d'un cardinal (qui devint le scandaleux pape Alexandre VI), elle était réputée pour sa beauté et son amour de l'art, mais la légende prétend qu'elle pratiquait l'inceste avec son frère et était une empoisonneuse (Victor Hugo la décrivit en courtisane criminelle).

Éléonore de Habsbourg (1498-1558) : sœur de Charles Quint, elle devint reine de Portugal en 1518. Veuve, elle épousa ensuite François Ier et devint reine de France en 1530. À nouveau veuve en 1547, elle n'eut pas d'enfants et mourut d'une crise d'asthme.

Roxelane (vers 1505-1558) : esclave capturée en Ukraine et faisant partie du harem de Soliman le Magnifique à Istanbul, elle devint sa favorite et lui donna un fils en 1521. Habile, elle devint son unique épouse légitime. On la soupçonna d'avoir fait assassiner le grand vizir afin d'être seule à influencer le sultan.

Isabelle de Portugal (1503-1539) : elle épousa Charles Quint en 1526 et devint impératrice du Saint-Empire romain germanique et reine d'Espagne.

Sainte Thérèse d'Ávila (1515-1582) : religieuse espagnole, elle réforma l'ordre du Carmel en 1560, fonda 17 couvents, écrivit des livres religieux, des poésies et influença de nombreux théologiens. Elle fut la première femme déclarée docteur de l'Église, en 1970.

Élisabeth de France (1545-1568) : fille de Catherine de Médicis et Henri II, elle devint reine d'Espagne à 14 ans (1559) en épousant Philippe II en troisièmes noces. Elle mourut en accouchant de son troisième enfant, mort-né.

Catherine de Guise (1552-1596) : opposée au roi Henri III, elle soutint le parti de la Ligue au côté de son frère le duc de Guise, fomenta la journée des Barricades en 1588 et se vanta d'avoir préparé l'assassinat du roi en 1589. Elle continua ses intrigues contre Henri IV en 1594.

Élisabeth d'Autriche (1554-1592) : elle devint reine de France en épousant, à 16 ans, Charles IX qui mourra en 1574. Veuve à 19 ans, ne parlant pas français, elle repart en Autriche et fonde un couvent de clarisses près de Vienne.

Louise de Lorraine, dite « la Reine blanche » (1553-1601) : elle devint reine de France en épousant Henri III en 1575.

Catherine de Bourbon (1559-1604) : fille de Jeanne d'Albret, sœur d'Henri IV, elle gouverna le Béarn au nom de son frère en 1576 et devint chef des réformés, faisant célébrer le culte protestant dans ses appartements.

Gabrielle d'Estrées (1571-1599) : maîtresse d'Henri IV dès 1591, connue pour sa grande beauté, elle eut trois enfants avec le roi, qui projetait de l'épouser, mais, enceinte du quatrième, elle mourut brutalement. On soupçonna, sans preuves, un empoisonnement.

XVIIᵉ SIÈCLE

À LA COUR DE FRANCE

Marie de Médicis

Marie de Médicis (1573-1642) : fille de François de Médicis, elle épousa Henri IV en 1600 et lui donna de nombreux enfants dont en 1601 le dauphin tant attendu, Louis (futur Louis XIII).
Marie de Médicis contribua au développement des arts en France (danse, dessin, théâtre), fit construire le palais du Luxembourg à Paris et devint mécène de nombreux peintres (dont Pierre Paul Rubens). Elle fut couronnée reine en 1610 et devint régente le lendemain même, après l'assassinat du roi.
Elle était influencée par sa dame de compagnie, **Léonora Dori** – dite « La Caligaï » **(1568-1617)** –, et son époux Concini qui surent s'enrichir considérablement (celui-ci fut assassiné par les hommes de Louis XIII en 1617 et Léonora, pratiquant la sorcellerie, fut décapitée quelques mois après). En conflit avec son fils, Marie de Médicis quitta la France en 1631 et mourut de la gangrène.

Anne d'Autriche

Anne d'Autriche (1601-1666) : elle devint reine de France en épousant le fils d'Henri IV, Louis XIII, en 1615, alors qu'ils étaient tous deux âgés de 14 ans. Ils eurent deux fils : Louis XIV et Philippe d'Orléans.
À la mort du roi, elle exerça la régence de 1643 à 1651, habilement conseillée par le cardinal Mazarin (Louis XIV étant encore enfant).
La légende prétend qu'elle fut la maîtresse du cardinal, de d'Artagnan et de l'homme au Masque de fer… Elle mourut d'un cancer du sein.

Marie-Thérèse d'Autriche (1638-1683) : fille du roi d'Espagne Philippe IV et d'Élisabeth de France, elle était infante d'Espagne et devint reine de France en épousant son cousin Louis XIV en 1660.
Ils eurent six enfants, dont seul survécut le Grand Dauphin : les cinq autres moururent très jeunes.
Délaissée par son mari qui lui préférait ses nombreuses favorites, elle se consacra aux pauvres et aux malades. Elle mourut d'un abcès infecté.

Marie-Thérèse d'Autriche

La marquise de Montespan

Françoise Athénaïs de Rochechouart de Mortemart, marquise de Montespan (1640-1707) : belle, pleine d'esprit, cultivée, orgueilleuse, aux reparties cinglantes, elle fut dame d'honneur de la reine avant de devenir la maîtresse de Louis XIV en 1667 puis sa favorite officielle en 1670, après **Louise de La Vallière (1644-1710)** – qui se retira au couvent. Elle aimait le luxe et le faste et y entraîna le roi. Elle lui donna huit enfants, mais le roi se détourna d'elle peu à peu et choisit d'autres favorites, car elle fut compromise dans l'affaire des Poisons…
En effet, une série d'empoisonnements fit grand bruit entre 1675 et 1682, et plusieurs personnalités de l'aristocratie et de la cour furent soupçonnées… Une criminelle fut arrêtée, décapitée et brûlée en 1676 : Marie-

La marquise de Maintenon

Christine de Suède

Marie II Stuart

Sarah Churchill

Madeleine Dreux d'Aubray, marquise de Brinvilliers. Puis, en 1680, Catherine Monvoisin, dite « la Voisin », fut aussi décapitée et brûlée. Elle pratiquait la sorcellerie, les avortements et la préparation de divers philtres et poisons.

Françoise d'Aubigné, marquise de Maintenon (1635-1719) : petite-fille du poète Agrippa d'Aubigné, elle épousa à 16 ans, le poète Paul Scarron (41 ans) chez qui elle tenait un salon littéraire couru et réputé.
Veuve en 1660 et très endettée, elle devint en 1669 la gouvernante des enfants illégitimes de Louis XIV et de sa maîtresse Mme de Montespan. Le roi délaissa ses favorites et l'épousa secrètement en 1683 (peu après la mort de la reine). Très pieuse, elle exerça une grande influence sur lui, le poussant peut-être à la révocation de l'édit de Nantes en 1685. Elle fonda, à Saint-Cyr (Yvelines), une maison d'éducation pour jeunes filles nobles sans ressources.

ROYAUMES ÉTRANGERS

Christine de Suède, dite « la reine Christine » (1626-1689) : elle fut éduquée comme un garçon. Son père mourut en 1632 et elle devint donc reine à 6 ans, puis elle fut couronnée en 1650 pour abdiquer quatre ans plus tard. Elle voyagea, vécut à Rome, y créa une académie artistique, fit scandale par son comportement excentrique. Habillée en homme, elle eut une réputation de lesbienne et de libertine.
Féministe, cultivée, elle suivit des cours de philosophie de René Descartes, fut amie de Gottfried Wilhelm Leibniz, Blaise Pascal, Baruch Spinoza, ainsi que de nombreux peintres et musiciens. Elle écrivit des *Mémoires*, changea de religion, fut accusée dans une affaire de meurtre… Elle mourut d'une maladie de peau (érysipèle).

Marie II Stuart (1662-1694) : fille de Jacques II, roi d'Angleterre, elle régna avec son mari Guillaume III de Nassau sur l'Angleterre, l'Irlande et l'Écosse de 1689 à sa mort. Les époux n'eurent pas d'enfants.

Anne Stuart (1665-1714), la sœur de Marie II Stuart, devint à son tour reine d'Angleterre à la mort de Guillaume III, en 1702. Elle signa l'Acte d'union de l'Angleterre et de l'Écosse et créa le royaume de Grande-Bretagne dont elle fut la première souveraine. Elle régna pendant douze ans.

Sarah Churchill (1660-1744), duchesse de Marlborough, confidente d'Anne Stuart qu'elle conseilla tout en contrôlant ses dépenses. Elle fut l'une des femmes les plus influentes de l'histoire d'Angleterre et l'une des plus riches d'Europe. Parmi ses descendants célèbres, on peut noter sir Winston Churchill et lady Diana Spencer.

La marquise
de Sévigné

Anne Dacier

Madeleine de Souvré

Madeleine
de Scudéry

LITTÉRATURE

Marie Le Jars de Gournay (1566-1645) : poétesse, philosophe et traductrice française, elle était célibataire et indépendante : on la considère comme une des premières féministes.
Amie de Michel Eyquem de Montaigne (ou son amante) en 1588, elle fit publier la première édition posthume des *Essais* en 1595. Elle écrivit *Grief des dames* (sur l'égalité des hommes et des femmes) en 1626.

Marie de Rabutin-Chantal, marquise de Sévigné (1626-1696) : elle fut célèbre pour ses nombreuses *Lettres*, échangées notamment avec sa fille Françoise qui épousa le comte de Grignan (Drôme). Elle lui écrivit trois ou quatre lettres par semaine, pendant trente ans (soit plus de 1 500 lettres) à partir de 1671, racontant avec détails et humour la vie aristocratique à Paris et à la cour.

Marie-Madeleine Pioche de La Vergne, comtesse de La Fayette (1634-1693) : amie de Nicolas Boileau, François de La Rochefoucauld, Jean Racine, Mme de Sévigné, elle fréquenta les salons littéraires et écrivit *La Princesse de Clèves* en 1678, qui eut un immense succès. Ce livre est considéré comme le premier roman psychologique moderne.

Anne Dacier (1647-1720) : philologue et traductrice de textes classiques grecs et latins (en particulier pour des livres éducatifs destinés au dauphin Louis de France, fils de Louis XIV), elle fut aussi la traductrice de l'œuvre d'Homère vers 1700, mais son remarquable travail fut très controversé et critiqué…

SALONS LITTÉRAIRES

Les salons littéraires furent tenus principalement par des femmes, à partir de 1608 (à leur apogée vers 1650). Hommes et femmes s'y réunissaient pour discuter de littérature, de morale, de philosophie, de politique ; ils lisaient des poésies, des pièces, recevaient les auteurs à la mode, critiquaient, moquaient, rivalisaient de bons mots et tournures d'esprit…
Marie Bruneau des Loges, Anne-Marie de Cornuel, la marquise du Plessis et Catherine de Rambouillet furent aussi des « salonnières » célèbres.

Madeleine de Souvré, marquise de Sablé (1599-1678) : ses *Maximes* (1678) inspirèrent La Rochefoucauld.

Madeleine de Scudéry (1607-1701) : féministe avant-gardiste (opposée au mariage), elle écrivit des romans (avec son frère Georges) dont *Clélie* en 1654 (dix volumes). Elle représenta la préciosité dans son salon et influença Jean de La Fontaine et Molière (qui se moqua d'elle dans *Les Précieuses ridicules*). Elle fut la première femme à recevoir le prix de l'éloquence de l'Académie française.

Ninon de Lenclos

Marguerite Hessein de La Sablière

Barbara Strozzi

Artemisia Gentileschi

Ninon de Lenclos (1616-1705) : féministe, femme de lettres, courtisane, célèbre par son esprit, sa culture, sa beauté, elle symbolise la femme libre et indépendante. Amie de Jean de La Fontaine, Louis XIV, Molière, Charles Perrault, Jean Racine, son salon littéraire fut très apprécié (1667). Elle écrivit aussi des *Lettres*.

Marguerite Hessein de La Sablière (1636-1693) : amie de Mme de La Fayette, Molière, Charles Perrault, Jean Racine, Mme de Sévigné, elle était très cultivée (elle étudia les mathématiques, la physique, le grec). Elle fut la protectrice de Jean de La Fontaine, qu'elle hébergea pendant vingt ans de 1672 à 1692.

Marie d'Aulnoy (vers 1650-1705) : elle écrivit des *Mémoires* et aussi des *Contes de fées* qui sont encore célèbres.

MUSIQUE

Francesca Caccini (1587-1640) : compositrice italienne, cantatrice, claveciniste et luthiste, elle fut certainement la première femme auteure d'opéras (à la cour de Florence).

Barbara Strozzi (1619-1677) : chanteuse et compositrice italienne de plus de 100 œuvres (arias, cantates, etc.).

Antonia Bembo (vers 1640-vers 1720) : compositrice et cantatrice italienne (cantates, opéras, etc.).

Élisabeth Jacquet de La Guerre (1665-1729) : fille d'un facteur de clavecins, claveciniste française, enfant prodige, elle joua à 5 ans devant Louis XIV et fut une des rares femmes compositrices de cette époque.

PEINTURE

Anna Visscher (1583-1651) : artiste hollandaise (calligraphie, dessin, gravure sur verre avec diamant, peinture), elle fut aussi poète et traductrice.

Chiara Varotari (1584-1660) : peintre italienne baroque connue pour ses portraits de femmes de l'aristocratie vénitienne, elle fut aussi à l'origine de la création d'une école d'art à Venise en 1625.

Artemisia Gentileschi (1597-1652) : peintre italienne influencée par le Caravage, elle fut la première femme acceptée à l'Académie de dessin en 1614. Elle était encouragée par les Médicis et le roi d'Angleterre Charles Ier (vers 1630). Elle est considérée comme l'une des premières peintres baroques et l'une des premières femmes à peindre l'histoire et la religion. Elle fut aussi la première peintre féministe (symbolisant, dans

Judith Leyster

Madeleine Béjart

Marie Desmares

un style reflétant la barbarie de ce crime, sa souffrance après avoir été violée).

Judith Leyster (1609-1660) : peintre hollandaise (natures mortes, portraits, scènes domestiques). Elle fut l'élève du peintre Frans Hals.

Hélène Fourment (1614-1673) : Belge, seconde épouse puis modèle du peintre Pierre Paul Rubens.

THÉÂTRE

Madeleine Béjart (1618-1672) : comédienne dès 1630 (à 12 ans), elle devint la maîtresse de Molière en 1643, avec qui elle fonda l'Illustre-Théâtre dont elle fut directrice et où elle joua des rôles de servante.
Sa sœur (ou peut-être sa fille ?) **Armande Béjart** (vers 1642-1700) épousa Molière en 1662 et fit partie de la troupe théâtrale avant de devenir sociétaire de la Comédie-Française (à sa création) en 1680.

Marquise-Thérèse de Gorla, dite « Mlle Du Parc » (1633-1668) : elle fit partie de la troupe de Molière pendant plus de dix ans, où elle était à la fois actrice et danseuse de ballet, jouant avec succès devant Louis XIV. Pierre Corneille puis Jean Racine (devenu son amant) écrivirent des pièces pour elle (dont *Andromaque* en 1667).

Marie Desmares, dite « la Champmeslé » (1642-1698) : elle fit partie de la troupe du théâtre du Marais, où elle fut l'interprète et la maîtresse de Jean Racine qui lui écrivit plusieurs rôles de tragédienne en 1670 (comme ceux de Bérénice, Iphigénie ou Phèdre). Elle fut ensuite comédienne pour la troupe de Molière et sociétaire de la Comédie-Française.

PERSONNALITÉS ORIGINALES

Deborah Moody (1586-1659) : elle quitta l'Angleterre en 1639 à cause des persécutions religieuses et fut la seule femme fondatrice d'une colonie dans le Nouveau Monde en 1645 (la ville de Gravesend qui deviendra une partie de Brooklyn). Ses habitants avaient droit à une totale liberté religieuse…

Margaret Fell (1614-1702) : Anglaise, fondatrice du mouvement quaker, elle organisa des réunions religieuses dans sa maison (mais interdites hors de l'église) : emprisonnée de 1664 à 1668, elle écrivit des textes défendant les droits des femmes (particulièrement la prise de parole en public).

Philis de la Charce, dite « la Jeanne d'Arc du Dauphiné » (1645-1703) : elle fut une héroïne historique en organisant, en 1692, la résistance paysanne qui repoussa l'armée de Victor-Amédée (duc de Savoie). À cheval, armée d'une épée, elle aurait libéré Gap (Hautes-Alpes), le Diois et les Baronnies (Drôme).

Pocahontas (vers 1595-1617) : Amérindienne, fille de chef de tribu, elle aurait plusieurs fois sauvé la vie d'un colon anglais vers 1607. Puis, prisonnière vers 1613, elle épousa l'Anglais John Rolfe et partit avec lui à Londres en 1616, mais elle y tomba gravement malade (pneumonie) et mourut avant d'avoir pu regagner son pays. Sa vie, très romancée, devint légendaire (littérature, cinéma, dessins animés, etc.).

Pocahontas

Célia Fiennes (1662-1741) : elle parcourut, à cheval, tous les comtés de l'Angleterre et quelques-uns du pays de Galles et de l'Écosse. Âgée d'une trentaine d'années, elle rédigea des récits de ses voyages vers 1697.

Marie-Madeleine Jarret de Verchères (1678-1747) : jeune héroïne de la Nouvelle-France. À 14 ans, en 1692, elle défendit vaillamment le fort familial contre les attaques des Iroquois.

Autres personnalités du XVIIe siècle

Louise Bourgeois (1563-1636) : sage-femme officielle de la reine Marie de Médicis, elle fut la première à écrire des livres de conseils et d'enseignement obstétricaux.

Isabelle d'Espagne (1566-1633) : fille de Philippe II d'Espagne et petite-fille de Catherine de Médicis et Henri II. Elle gouverna les Pays-Bas espagnols de 1621 à sa mort.

Élisabeth de France (1602-1644) : fille du roi Henri IV et de Marie de Médicis, elle épousa le futur Philippe IV en 1615 et devint reine d'Espagne en 1621. Elle eut huit enfants, dont Marie-Thérèse qui épousa Louis XIV.

Christine de France (1606-1663) : sœur de la précédente, elle épousa le duc de Savoie en 1619 et fut régente de ce duché de 1637 à 1663. Elle eut sept enfants.

Henriette-Marie de France (1609-1669) : elle fut reine d'Angleterre en 1625 en épousant Charles Ier Stuart. Elle eut neuf enfants, dont Jacques II qui devint roi d'Angleterre.

Marie Meurdrac (1610-1680) : elle donnait des cours dans son laboratoire de chimie et publia un traité scientifique simplifié (préparation de cosmétiques et de médicaments).

Anne de Gonzague de Clèves (1616-1684) : fille du duc de Mantoue, elle refusa d'obéir à son père qui voulait en faire une religieuse. Elle entra à la Cour en 1637 et profita des intrigues amoureuses, notamment avec Henri II de Guise. Elle fut célèbre pour son esprit et son rôle d'agent de liaison au moment de la Fronde (1648).

Anne Marie Louise d'Orléans, duchesse de Montpensier, dite « la Grande Mademoiselle » (1627-1693) : fille de Gaston d'Orléans (frère de Louis XIII), elle était la princesse la plus fortunée et la plus extravagante. Elle rejoignit la Fronde en 1652 et fit tirer le canon de la Bastille sur les troupes royales (en conséquence, elle fut exclue de la cour jusqu'en 1657). Elle aima le duc de Lauzun, qu'elle fit libérer, l'épousa en secret, puis, après séparation, elle finit ses jours dans un couvent, y écrivant ses *Mémoires*.

Antoinette Deshoulières (1637-1694) : amie de Pierre Corneille et de Mme de Sévigné, elle fréquenta les salons littéraires, écrivit des poèmes, des chansons et des tragédies (vers 1672). Elle fut la première femme membre d'une académie.

Marie Mancini (1640-1715) : elle fut le premier grand amour (platonique) du roi Louis XIV, en 1658, mais le cardinal Mazarin, son oncle, s'opposa au mariage.

Henriette-Anne d'Angleterre (1644-1670) : fille de Charles Ier Stuart et d'Henriette-Marie de France, elle devint à 17 ans « Madame » par son mariage en 1661 avec « Monsieur » (Philippe Ier, duc d'Orléans, frère de Louis XIV). Elle fut très appréciée du roi (et peut-être sa maîtresse), qui donnait des fêtes

Catherine Ire de Russie

Élisabeth Petrovna Ire de Russie

Catherine II de Russie

en son honneur. Elle mourut brutalement (on soupçonna un empoisonnement…).

Louise Renée de Penancoët de Kéroual (1649-1734) : demoiselle d'honneur à 19 ans de Madame (voir ci-dessus), puis agent secret du roi Louis XIV en devenant la maîtresse de Charles II d'Angleterre en 1669, elle devint duchesse de Portsmouth après la naissance d'un fils en 1672 et eut de l'influence sur la politique du roi d'Angleterre pendant quinze ans.

Charlotte-Élisabeth de Bavière (1652-1722) : deuxième femme du duc d'Orléans (frère de Louis XIV), elle devint duchesse d'Orléans, ou « Madame », en 1671. Elle écrivit de nombreuses lettres (60 000 !) adressées à Leibniz et à sa fille, décrivant la vie à la cour avec un humour mordant et une ironie osée, parfois triviale, particulièrement à l'égard du roi et de ses favorites (surnommant, par exemple, la marquise de Maintenon *« la vieille sorcière »*, entre autres noms savoureux…).

Sa fille, **Élisabeth-Charlotte** (1676-1744), épousa le duc de Lorraine Léopold Ier en 1698 et eut 14 enfants dont François, père de Marie-Antoinette, future reine de France. Elle est l'ancêtre de tous les Habsbourg.

Marie Héricart, dite « Mlle de La Fontaine » (1655-1738) : interprète de Jean-Baptiste Lully, elle fut la première danseuse de l'Opéra de Paris en 1681 avec *Le Triomphe de l'amour*.

Sophie Alekseïevna (1657-1704) : fille du tsar Alexis Ier, elle devint régente de Russie en 1682.

Quand Pierre Ier le Grand prit le pouvoir, il l'obligea à se retirer dans un couvent à la suite de sa tentative de coup d'État en 1689.

Catherine Bernard (1662-1712) : nièce des frères Corneille, romancière et auteure de pièces de théâtre très appréciées de Louis XIV (vers 1680), elle reçut plusieurs prix dont celui de l'Académie française.

Louise Bénédicte de Bourbon (1676-1753) : elle épousa le duc du Maine (fils de Louis XIV et de Mme de Montespan) et donna de magnifiques fêtes costumées dans son château de Sceaux (Hauts-de-Seine).

XVIIIe SIÈCLE

EMPIRE RUSSE

Catherine Ire de Russie (1684-1727) : elle épousa Pierre Ier le Grand en 1707 et devint impératrice de Russie de 1725 à 1727.

Élisabeth Petrovna Ire de Russie, dite « la Clémente » (1709-1762) : fille de Pierre le Grand et de Catherine Ire, elle devint impératrice de Russie en 1741.
Elle fonda l'université de Moscou en 1755 et l'Académie impériale des beaux-arts à Saint-Pétersbourg en 1758, dont elle nomma directeur le peintre français Louis Le Lorrain. Elle fit venir des troupes de théâtre françaises et contribua à l'usage du français parmi la noblesse. Elle n'eut pas d'enfants.

Catherine II de Russie, dite « la Grande Catherine » (1729-1796) : princesse allemande, elle épousa en 1744 le neveu d'Élisabeth Ire, Pierre III, puis le détrôna en 1762 (certainement en le faisant assassiner par le frère de son amant).
Ambitieuse, elle gouverna seule d'une main de fer pour conquérir de nouveaux territoires (elle annexa la Pologne et la Crimée). Elle développa l'industrie russe et favorisa la noblesse au détriment des serfs.

Marie Leszczyńska

La marquise de Pompadour

La comtesse Du Barry

Marie-Antoinette d'Autriche

Elle encouragea la culture (opéra, philosophie, théâtre), correspondit avec Voltaire et écrivit aussi des *Comédies* et des *Mémoires*. Elle mourut d'une crise cardiaque. Son fils, Paul Ier, lui succéda.

À LA COUR DE FRANCE

Marie Leszczyńska (1703-1768) : d'origine polonaise, elle épousa Louis XV et devint reine de France en 1725. Elle eut dix enfants, dont Louis-Ferdinand qui épousa **Marie-Josèphe de Saxe (1731-1767)**, ainsi que les futurs rois Louis XVI, Louis XVIII et Charles X.
La reine fut vite délaissée par son époux qui lui préférait ses favorites. Elle devint mécène et fit venir à Versailles plusieurs artistes tels le chanteur d'opéra Farinelli et Wolfgang Amadeus Mozart (alors âgé de 8 ans).

Jeanne Antoinette Poisson, marquise de Pompadour (1721-1764) : elle rencontra le roi Louis XV lors d'un bal masqué en 1745 et devint sa maîtresse (il la fit venir au château de Versailles dans un appartement relié au sien par un escalier secret). Amie des philosophes, elle encouragea en 1750 la publication de l'*Encyclopédie* de Diderot et d'Alembert et soutint de nombreux peintres (François Boucher, Maurice Quentin de La Tour, etc.).
Le roi lui offrit l'hôtel d'Évreux (actuel palais de l'Élysée) en 1753, puis il lui fit construire le Petit Trianon en 1762, mais elle mourut d'une congestion pulmonaire peu après.

Jeanne Bécu, comtesse Du Barry (1743-1793) : simple vendeuse dans une boutique de mode à Paris, elle devint à 25 ans, en 1768, la favorite officielle du roi Louis XV (58 ans).
Mécène, elle inspira de nombreux artistes sculpteurs, architectes et peintres (dont Jean Honoré Fragonard, Jean-Baptiste Greuze et Mme Vigée-Lebrun, qui devint son amie), mais elle fut détestée par les courtisans. À la mort du roi, elle vécut à Louveciennes (Yvelines) puis, arrêtée par les révolutionnaires, elle fut guillotinée.

Marie-Antoinette d'Autriche, dite « l'Autrichienne » ou « Madame Déficit » **(1755-1793)** : fille de l'empereur d'Allemagne et de l'archiduchesse d'Autriche, elle épousa, à 14 ans, le futur Louis XVI et devint reine de France et de Navarre à la mort de Louis XV, en 1774.
Peu appréciée à la cour, peu aimée des Français, sans héritier, elle fut critiquée, moquée et jalousée.
Elle fit construire le Hameau de la Reine pour s'y déguiser en bergère, joua des pièces de théâtre, aima le luxe et le raffinement (fêtes, jeux, toilettes et bijoux), ne s'intéressant ni à la politique ni au peuple. Elle eut quatre enfants de 1778 à 1786 (sa dernière fille ne vécut qu'un an).
L'affaire du collier : en 1785, la reine fut victime d'une escroquerie – fomentée par **Jeanne de Valois-Saint-Rémy, comtesse de La Motte (1756-1791)**, qui fut arrêtée et emprisonnée mais réussit à s'enfuir pour

La princesse de Lamballe

La duchesse de Polignac

Olympe de Gouges

Manon Roland de La Platière

Londres. Au lieu de disculper la reine, cette histoire ne fit qu'envenimer la situation et contribua au déclenchement de la Révolution, précipitant ensuite la chute de la royauté.

À partir de 1789, elle fut accusée de toutes parts, notamment d'espionnage pour le compte de l'Autriche.

Arrêtée en 1791 à Varennes (Meuse) avec le roi et ses enfants lors de leur fuite, enfermée à la prison du Temple puis à la Conciergerie, jugée par le tribunal révolutionnaire, elle fut guillotinée en 1793, neuf mois après son époux.

Marie-Thérèse Louise de Savoie-Carignan, princesse de Lamballe (1749-1792) : grande amie de Marie-Antoinette, elle fut nommée surintendante de la Maison de la reine en 1775.

Lorsque la famille royale fut arrêtée, elle fut sommairement jugée puis lynchée à mort, dépecée et sa tête fut promenée au bout d'une pique sous les fenêtres de la prison où était enfermée la reine.

Yolande de Polastron, duchesse de Polignac (1749-1793) : amie et confidente de la reine Marie-Antoinette, elle fut nommée gouvernante des enfants royaux en 1782. Exilée (à la demande de la reine) durant la Révolution, elle se laissa mourir de chagrin quand elle apprit la mort de son amie.

PERSONNALITÉS DE LA RÉVOLUTION FRANÇAISE

Olympe de Gouges (1748-1793) : vivant à Paris à partir de 1770, elle créa une troupe de théâtre itinérante et fit jouer des pièces critiquant l'esclavagisme, ce qui lui valut des menaces des colonialistes. En 1778, elle fit publier des brochures politiques – qu'elle envoyait à La Fayette, Mirabeau et Jacques Necker –, puis elle devint membre des Girondins.

Féministe virulente, elle rédigea la « Déclaration des droits de la femme et de la citoyenne », proposant le droit au divorce, un système de protection pour la mère et l'enfant, des créations de maternités, une aide pour les chômeurs et les sans-abri, des droits civils et politiques pour les femmes, l'abolition de l'esclavage… S'opposant à Marat et Robespierre, dénonçant leur dictature, elle fut arrêtée puis guillotinée le 3 novembre 1793.

Manon Roland de La Platière (1754-1793) : intellectuelle et républicaine, influencée par Jacques Bénigne Bossuet, Montesquieu, Jean-Jacques Rousseau et Voltaire, elle écrivit des articles politiques pour *Le Courrier de Lyon* puis s'engagea dans la Révolution à partir de 1791 en tenant un salon politique girondin que fréquenta Robespierre et qui permit à son mari de devenir ministre de l'Intérieur. Passionnée, engagée, ardente, elle rédigea des discours acharnés contre Georges Jacques Danton.

Elle fut arrêtée en 1793, écrivit ses *Mémoires* en prison avant d'être guillotinée quelques mois plus tard.

la Belle Liégeoise

Anne-Josèphe Théroigne de Méricourt, dite « la Belle Liégeoise » **(1762-1817)** : d'origine belge, elle participa à la prise de la Bastille et aux manifestations antiroyalistes. Elle reçut Camille Desmoulins et Fabre d'Églantine dans son salon politique où elle tenait des discours féministes et s'habillait en amazone. Elle rejoignit les Jacobins en 1792 et participa à l'invasion des Tuileries.
Déclarée folle par sa famille, elle fut internée plus de vingt ans à l'asile où elle mourut.

Claire Lacombe

Claire Lacombe (1765-après 1798) : comédienne avant la Révolution, elle fréquenta le club des Cordeliers et participa à l'assaut des Tuileries, puis fonda en 1793 une société avec **Pauline Léon (1768-1838)**, une autre farouche féministe. Cette Société des républicaines révolutionnaires fut interdite quelques mois après sa création. Elle voulut ensuite se battre en Vendée et on ignore la fin de sa vie.

Charlotte Corday (1768-1793) : vivant à Caen (Calvados), elle prit part, en 1793, à des réunions politiques des Girondins et décida de se rendre à Paris pour assassiner Jean-Paul Marat. Déterminée et seule, âgée de 25 ans, elle réussit à s'introduire chez lui et le poignarda dans son bain (13 juillet). Immédiatement arrêtée et conduite à la Conciergerie, elle fut guillotinée quatre jours plus tard.

Charlotte Corday

Lucile Desmoulins (1771-1794) : elle épousa en 1790 l'avocat Camille Desmoulins, journaliste et grand orateur dantoniste. Maximilien de Robespierre fut leur témoin. Accusée de complot, elle fut guillotinée, huit jours après son mari, lui-même guillotiné avec Georges Jacques Danton et Fabre d'Églantine.

LITTÉRATURE

Mary Wortley Montagu (1689-1762) : écrivaine britannique, elle apprit seule le latin et le grec. Elle vécut à Constantinople avec son mari ambassadeur. Ses *Lettres turques* – qui racontent la vie des femmes dans l'Empire ottoman et les harems – eurent un grand succès.
Elle joua un rôle important dans la lutte contre la variole en faisant vacciner ses enfants. Elle vécut ensuite en France et en Italie.

Mary Wortley Montagu

Jeanne Marie Leprince de Beaumont (1711-1780) : gouvernante à Londres, elle y écrivit dès 1750 des traités d'éducation pour la jeunesse, des contes de fées – dont le plus célèbre est *La Belle et la Bête* – et plus de 70 livres (religion, morale, etc.).

Sophie Volland (1725-1784) : maîtresse de Denis Diderot de 1755 à 1769, elle échangea avec lui une correspondance dont il ne reste aucune lettre (sauf celles du philosophe). Celui-ci était très admiratif de son intelligence et de sa culture (notamment en philosophie et sciences). Il mourut quelques mois après elle.

Louise Tardieu d'Esclavelles, marquise d'Épinay (1726-1783) : amie de Jean-Jacques Rousseau, elle lui fit construire une maison et l'influença certainement au sujet de l'éducation des enfants et du lien parental. Dans son salon littéraire à Paris, elle reçut d'Alembert, Diderot, Marivaux, Montesquieu…

Elle rédigea un livre de mémoires, des traités d'éducation et entretint une grande correspondance. Féministe, elle défendit l'éducation des femmes et fut précurseur de la pédagogie moderne.

La marquise d'Épinay

Mary Wollstonecraft (1759-1797) : femme de lettres anglaise, elle est considérée comme la première philosophe féministe. Elle écrivit des romans, un récit de voyage et critiqua la société dans son livre *Défense des droits de la femme* où elle revendiqua, entre autres, une éducation mixte. Elle mourut à 38 ans d'une septicémie, peu après la naissance de sa seconde fille **Mary Shelley (1797-1851)**, écrivaine dès 1816 et auteure de plusieurs romans dont le célèbre *Frankenstein ou le Prométhée moderne* (voir p. 37).

Mary Wollstonecraft

Germaine de Staël-Holstein, dite « Mme de Staël » **(1766-1817)** : fille du ministre Jacques Necker, d'origine suisse, elle épousa Erik Magnus de Staël-Holstein, ambassadeur de Suède à Versailles et tint un salon politique. Elle devint la maîtresse de Benjamin Constant en 1794, écrivit plusieurs essais politiques et féministes (de 1785 à 1813).

Opposée à Bonaparte, elle dut s'exiler en Suisse, voyagea et vanta la culture européenne et la littérature romantique. Elle ne put revenir en France qu'en 1814 et mourut peu après de paralysie.

Mme de Staël

SALONS LITTÉRAIRES

Anne Thérèse de Marguenat Courcelles, marquise de Lambert (1647-1733) : elle tint vers 1710 un salon de philosophie et de littérature où elle reçut Fénelon, Fontenelle ou encore Montesquieu (qu'elle fit élire à l'Académie française). Elle écrivit des recueils de conseils et d'éducation.

Claudine Guérin de Tencin (1682-1749) : mère du philosophe et encyclopédiste d'Alembert, elle ouvrit en 1717 un salon parisien politique puis littéraire, qui fut un des plus réputés. Elle écrivit des romans.

Marie Du Deffand (1697-1780) : salonnière brillante et libertine, elle correspondit avec Fontenelle, Marivaux, Montesquieu et surtout Voltaire qui sera son ami le plus proche. Son salon fut célèbre.

Sa nièce **Julie de Lespinasse (1732-1776)** y fut lectrice en 1754. Séduisante, elle eut de nombreux amants et sa tante, jalouse, la renvoya en 1763. Elle ouvrit alors son propre salon, avec succès, et fut considérée

Claudine Guérin de Tencin

Suzanne Necker

comme l'égérie de l'*Encyclopédie*, étant une grande amie de d'Alembert. Ses *Lettres* et sa correspondance amoureuse constituent une référence du genre.

Suzanne Necker (1739-1794) : d'origine suisse, elle épousa le ministre des Finances de Louis XVI. Son salon littéraire fut très apprécié ; elle y réunissait, entre autres, les encyclopédistes.
En 1778, à Paris, elle fonda un hôpital qui porte toujours son nom. Sa fille est Mme de Staël (voir page précédente).

Félicité de Genlis

Félicité de Genlis (1746-1830) : gouvernante des enfants d'Orléans (et du futur roi Louis-Philippe), elle fut à la tête d'un salon qui accueillit les écrivains dès 1789. Elle écrivit des romans et des nouvelles, et fut amie de Mme Récamier et de Talleyrand. Exilée en Angleterre durant la Terreur, elle revint en France en 1801 et devint espionne pour Bonaparte. Elle écrivit ensuite des *Mémoires*.

D'autres salonnières brillantes

Marie Anne Doublet de Persan (1677-1771).
Marguerite de Launay (1693-1750) qui écrivit des *Mémoires* et des *Lettres*.
Marie-Thérèse Rodet Geoffrin (1699-1777), dont le salon fut célèbre pendant trente ans.
Anne-Catherine Helvétius (1722-1800), qui reçut les plus grandes personnalités, dans son « cercle d'Auteuil », pendant presque un demi-siècle.
Amélie Suard (1750-1830), correspondante de Condorcet et de Voltaire.
Sophie de Condorcet (1764-1822), épouse du philosophe Nicolas de Condorcet, écrivaine et traductrice.

MUSIQUE

Angelika Kauffmann

Anna Magdalena Bach (1701-1760) : chanteuse et musicienne allemande, elle fut soprano à la cour du prince Léopold en 1720, où elle rencontra Johann Sebastian Bach qui y était maître de chapelle. Elle l'épousa l'année suivante. Il créa pour elle des livres de musique et il semblerait qu'elle ait également composé des morceaux (mais signés du compositeur).

PEINTURE ET SCULPTURE

Rosalba Carriera (1675-1757) : peintre et portraitiste, amie de François Watteau. Elle lança la mode du pastel en France.

Angelika Kauffmann (1741-1807) : peintre et portraitiste très réputée d'origine suisse, elle fit partie des fondateurs de la Royal Academy of Arts (1768).

Marie-Anne Collot (1748-1821) : élève du sculpteur Étienne Falconet, elle réalisa des bustes de terre cuite. Invitée par Catherine II à la cour

Élisabeth Vigée-Lebrun

Constance Mayer

Maria Gaetana Agnesi

de Russie en 1766, elle fut reçue à l'Académie impériale des beaux-arts (à l'âge de 18 ans). Elle y réalisa plusieurs bustes de marbre (Denis Diderot, Voltaire, l'impératrice et diverses personnalités de la cour) et resta douze ans en Russie.

Elle vécut ensuite en Hollande où elle poursuivit son art avant de cesser définitivement la sculpture.

Élisabeth Vigée-Lebrun (1755-1842) : fille d'un pastelliste, elle dessina avec talent dès son enfance. Conseillée par plusieurs peintres (Gabriel-François Doyen, Jean-Baptiste Greuze, Joseph Vernet), elle se perfectionna et s'établit comme peintre portraitiste dès l'âge de 15 ans. Elle devint peintre favorite de la reine Marie-Antoinette et fut reçue à l'Académie royale de peinture et sculpture. Elle s'exila à l'étranger pendant la Révolution et fut invitée dans toutes les grandes cours d'Europe pour y réaliser des portraits. Elle écrivit des *Souvenirs*.

Constance Mayer (1776-1821) : peintre française, elle fut l'élève de Jean-Baptiste Greuze puis de Pierre Paul Prud'hon (dont elle devint la maîtresse). Elle exposa à partir de 1791. Elle fut une des rares femmes peintres de scènes historiques, mais on attribua faussement beaucoup de ses œuvres à Prud'hon, car elle signait rarement ses toiles. Elle éleva les enfants du peintre, payant leurs études et se ruinant pour eux, sans aucune reconnaissance ni aucun respect de leur part. Angoissée, dépressive, se sentant abandonnée de tous, elle se suicida.

SCIENCES

Émilie Le Tonnelier de Breteuil, marquise du Châtelet (1706-1749) : exceptionnellement douée pour la géométrie, les mathématiques et la physique, elle était aussi talentueuse en allemand, anglais, latin, grec, comme en danse, musique ou opéra.

Elle devint la maîtresse de Voltaire en 1734 et l'accueillit chez elle durant quinze ans. Elle écrivit des livres de philosophie et des traités de mathématiques, et n'hésita pas à tenter plusieurs expériences (mesures barométriques, optique et couleurs, recherches sur l'attraction, etc…).

Très admiratif, Voltaire l'encouragea dans ses traductions d'Isaac Newton, à une époque où ses théories attisaient la polémique et le scandale entre savants. Elle est considérée comme une des premières femmes scientifiques.

Angélique du Coudray (1712 ?-1790) : elle fut la première sage-femme enseignante dans toute la France en 1759, officiellement autorisée par le roi Louis XV. Elle utilisait des mannequins de tissu, femme et bébé, et publia un ouvrage médical sur les accouchements.

Maria Gaetana Agnesi (1718-1799) : Italienne, enfant prodige (elle connaissait sept langues à 13 ans et tenait des discours philosophiques

à 15 ans), elle étudia les mathématiques et écrivit des livres d'analyse. Nommée par le pape à l'université de Bologne, elle aurait pu y enseigner les mathématiques mais préféra la religion et l'aide aux pauvres.

Marie-Marguerite Biheron (1719-1795) : elle fabriquait des mannequins de cire avec parties amovibles afin de permettre l'étude de l'anatomie et des organes. Elle conseilla Benjamin Franklin pour ses écrits.

Caroline Herschel (1750-1848) : astronome britannique d'origine allemande, assistante de son frère William, à qui l'on doit la mise en évidence de la planète Uranus, elle découvrit sept nouvelles comètes, dont une en 1786 qui porte son nom. Elle fut la première femme astronome professionnelle et la première femme membre de la Société royale d'astronomie à Londres.

SPECTACLES

Adrienne Lecouvreur (1692-1730) : actrice française, elle fut la plus grande tragédienne de son époque, dès l'âge de 14 ans, et triompha sur scène en jouant les pièces de Jean Racine avec naturel et vérité, sans déclamer comme cela se faisait à l'époque. Elle fit partie de la Comédie-Française. Elle eut une liaison avec Voltaire. Sa mort, probablement due à un empoisonnement par une rivale, reste mystérieuse.

Marie Sallé, dite « la Vestale » **(1707-1756)** : danseuse française à l'Opéra de Paris en 1727, amie de Georg Friedrich Haendel et de Voltaire, elle créa plusieurs ballets. C'est une des premières femmes chorégraphes.

Marie-Anne de Camargo (1710-1770) : danseuse française d'origine belge, elle débuta à l'Opéra en 1726 et fut célèbre pour sa virtuosité et ses entrechats. Elle raccourcit ses jupes et inventa le collant de danse. Elle inspira le peintre Maurice Quentin de La Tour.

Claire-Josèphe Léris, dite « Mlle Clairon » **(1723-1803)** : elle débuta au théâtre à la Comédie-Italienne à Paris, à 13 ans, puis triompha à la Comédie-Française avec *Phèdre* de Jean Racine. Elle devint l'interprète préférée de Voltaire. Elle mourut de la tuberculose.

Marie-Madeleine Guimard (1743-1816) : célèbre danseuse à partir de 1758, elle fut admise à l'Académie royale de musique en 1761. Mécène, elle encouragea le peintre Jean Honoré Fragonard.

Louise-Rosalie Lefebvre, dite « Mme Dugazon » **(1755-1821)** : danseuse et comédienne à Paris dès 1769, elle fut aussi cantatrice mezzo-soprano à l'Opéra-Comique, où elle connut un grand succès.

Mlle Mars

Anne-Françoise-Élisabeth Lange, dite « Mlle Lange » **(1772-1825)** : comédienne depuis l'enfance, elle débuta à la Comédie-Française à 16 ans. Elle devint sociétaire du Théâtre de la Nation en 1793, mais, royaliste, elle fut emprisonnée et risqua la guillotine. Elle cessa définitivement le théâtre en 1797.

Anne-Françoise-Hippolyte Boutet, dite « Mlle Mars » **(1779-1847)** : elle entra à la Comédie-Française où elle joua des ingénues. Elle devint sociétaire en 1799 et fut une amie de Napoléon. Elle joua jusqu'en 1841.

LES « MERVEILLEUSES » DU DIRECTOIRE

Joséphine de Beauharnais

Joséphine de Beauharnais (1763-1814) : née Marie Josèphe Rose Tascher de La Pagerie, en Martinique, fille de riches colons, elle épousa en 1779 le vicomte de Beauharnais, dont elle eut deux enfants (sa fille **Hortense** [**1783-1837**] épousa Louis Bonaparte, frère de Napoléon, en 1802, fut reine de Hollande en 1806 et mère de Charles-Louis, le futur empereur Napoléon III). Emprisonnée en 1794, Joséphine échappa de peu à la mort (grâce à Mme Tallien), mais son époux fut guillotiné. Elle devint une personnalité du Directoire, fut la maîtresse de Paul Barras, puis épousa en 1796 Napoléon Bonaparte (nommé chef de l'armée d'Italie). Mais leur vie de couple fut difficile, chacun étant infidèle à l'autre. Impératrice en 1804, elle ne donna pas d'enfants à l'empereur, et celui-ci la répudia en 1809. Elle vécut dans son château de Malmaison (Hauts-de-Seine) jusqu'à sa mort, d'une pneumonie.

Mme Tallien

Thérésa Cabarrus, Mme Tallien, dite « Notre-Dame de Bon Secours » **(1773-1835)** : elle fréquenta la cour de Louis XVI et reçut dans son salon littéraire La Fayette, François de La Rochefoucauld ou encore Mirabeau. Amie des Girondins, elle fut arrêtée, puis libérée par le journaliste Jean-Lambert Tallien qui devint son amant. Elle put ainsi l'influencer pour éviter la guillotine à plusieurs personnes, d'où son surnom. Emprisonnée à nouveau en 1794, elle échappa de peu à la mort et réussit à convaincre Tallien de s'opposer à Maximilien de Robespierre et Louis Antoine Saint-Just : cette « révolution thermidorienne » sauva encore plusieurs vies. Grande amie de Juliette Récamier, avec qui elle lança la mode des vêtements grecs antiques, elle fut également amie de Mme de Staël ; elle épousa le prince de Chimay et vécut avec lui en Belgique, recevant de nombreux musiciens.

Juliette Récamier

Juliette Récamier (1777-1849) : amie de Chateaubriand, elle le reçut dans son salon littéraire. Elle lança vers 1797 la mode de l'« Antique » (coiffure, mode, décoration) et fut une « merveilleuse », réputée pour son esprit et sa beauté (tableaux de Jacques-Louis David et François Gérard). Mais son engagement politique contre Napoléon l'obligea à quitter Paris. Elle devint la maîtresse de Benjamin Constant, avec qui elle échangea une abondante correspondance de 1814 à 1830.

PIRATES

Mary Read

Anne Bonny

Mary Read (1680 ? - 1721) : elle vécut en Angleterre, puis s'habilla en garçon pour pouvoir travailler sur un navire hollandais qui fut attaqué par des pirates anglais. Elle rejoignit leur clan, dont le chef redoutable était Jack Rackham.
Capturée en 1720, elle prétendit être enceinte pour échapper à la pendaison, mais elle mourut peu après, en prison, de la fièvre jaune.

Anne Bonny (1697 ?-1720 ?) : d'origine irlandaise, elle aussi vêtue en homme, elle se faisait appeler Adam et devint pirate vers 1715 avec Jack Rackham, son amant. Amie (ou amante) de Mary Read, avec qui elle attaquait férocement tous les navires, elle fut arrêtée la même année que cette dernière et utilisa le même stratagème pour rester en vie. Elle fut libérée et on perdit ensuite sa trace, mais les légendes demeurent autour de cette mystérieuse pirate.

Marion du Faouët (1717-1755) : née en Bretagne, elle devint chef des voleurs de grand chemin, en 1740, commandant plus de 40 hommes. « Robin des bois » au féminin, elle n'attaquait que les riches marchands de foire, sans les blesser ni les tuer, et redistribuait parfois l'argent aux pauvres et aux affamés. Arrêtée plusieurs fois, elle s'évada, mais emprisonnée puis torturée (sans avouer le nom de ses complices) elle fut pendue. Elle entra dans la légende des bandits tels Mandrin et Cartouche.

Autres personnalités du XVIIIe siècle

Élisabeth Farnèse (1692-1766) : seconde épouse de Philippe V, elle fut reine d'Espagne de 1714 à 1746.

Anna Ivanovna (1693-1740) : fille d'Ivan V, tsar de Russie, nièce de Pierre le Grand, elle devint tsarine en 1730.

Françoise-Louise de Warens (1700-1762) : elle fut la maîtresse de Jean-Jacques Rousseau de 1735 à 1737.

Marie Durand (1711-1776) : Ardéchoise protestante, elle fut emprisonnée à 18 ans à la tour de Constance d'Aigues-Mortes (Gard), où elle resta captive durant trente-huit ans, encourageant les autres prisonnières à ne pas abjurer leur foi, à résister et à garder espoir (elles furent libérées en 1768).

Marie-Thérèse d'Autriche (1717-1780) : archiduchesse d'Autriche à sa naissance, reine de Bohême et de Hongrie, impératrice d'Autriche, elle fut impératrice consort du Saint-Empire romain germanique en 1745. Elle eut 16 enfants, dont Marie-Antoinette. Elle fit construire le célèbre palais de Schönbrunn à Vienne.

Anna Léopoldovna (1718-1746) : régente de Russie en 1740 pendant la minorité de son fils Ivan VI, qui ne régna pas : ils moururent tous deux, emprisonnés à la suite du coup d'État d'Élisabeth Ire en 1741.

Jane Colden (1724-1766) : première femme botaniste américaine, elle classifia et illustra plus de 300 plantes de 1753 à 1758.

Etta Palm d'Aelders (1743-1799) : d'origine néerlandaise, elle devint espionne à Paris pour les Pays-Bas et la Prusse, mais aussi pour la France. Féministe, elle créa la première société féminine de l'histoire de France en 1791.

Caroline Mathilde de Hanovre (1751-1775) : reine de Danemark de 1766 à 1772.

Louise-Félicité de Kéralio (1757-1821) : femme de lettres, seul membre féminin de l'Académie d'Arras en 1787, elle fonda en 1789 le *Journal d'État et du citoyen*, et fut la première femme rédactrice en chef. Elle anima les Sociétés des femmes durant la Révolution et édita plusieurs volumes consacrés aux femmes écrivaines.

Sophie Germain

Florence Nightingale

Elizabeth Garrett Anderson

Adrienne de La Fayette (1759-1807) : nièce de Mme de Maintenon, elle épousa le marquis de La Fayette, avec qui elle eut quatre enfants.

Élisabeth de France (1764-1794) : sœur de Louis XVI, elle fut emprisonnée avec lui et sa famille et guillotinée.

Renée Bordereau, dite « l'Angevin » (1770-1824) : habillée en homme, elle combattit violemment dans l'armée catholique et royale pendant les guerres de Vendée (1793). Souvent prisonnière, elle s'échappa à maintes reprises. Elle écrivit des *Mémoires* en 1814.

Marie-Thérèse de France, dite « Mme Royale » (1778-1851) : fille aînée de Louis XVI et Marie-Antoinette, elle fut la seule personne de la famille royale à avoir survécu à la Révolution.

Claire Élisabeth de Vergennes, comtesse de Rémusat (1780-1821) : dame d'honneur de l'impératrice Joséphine (son mari était le chambellan de Napoléon Ier), elle écrivit des *Lettres* et des *Mémoires*.

XIXe SIÈCLE

ÉDUCATION, MÉDECINE, SCIENCES

Sophie Germain (1776-1831) : une des premières mathématiciennes françaises, autodidacte, elle dut étudier sous un nom masculin. Elle présenta au concours de l'Académie des sciences un sujet sur les vibrations des surfaces élastiques, puis une étude sur la théorie des nombres. Un théorème porte son nom.

Marie Pape-Carpantier (1815-1878) : pédagogue française, elle présenta en 1846 un projet de création d'écoles maternelles et devint directrice-enseignante de l'École normale pour ces écoles en 1848. Ses livres, féministes, défendaient notamment l'accès à l'éducation pour les filles.

Florence Nightingale, dite « la Dame à la lampe » (1820-1910) : infirmière britannique, elle soigna les pauvres en priorité, puis organisa les secours aux blessés pendant la guerre de Crimée en 1854, où elle joua un rôle important pour la préservation des conditions d'hygiène et l'amélioration des soins médicaux. Elle fonda une école d'infirmières militaires en Angleterre et un collège médical pour femmes. Elle fut la première femme décorée de l'ordre du Mérite, en 1907.

Clémence Royer (1830-1902) : Française, elle étudia seule la philosophie, l'économie sociale et l'anthropologie. Traductrice des livres de Charles Darwin, première femme admise à la Société d'anthropologie de Paris (1870), elle écrivit des articles pour des journaux féministes et fonda une société d'études philosophiques.

Elizabeth Garrett Anderson (1836-1917) : première femme médecin britannique, en 1870, elle participa à la création d'une école de médecine pour les femmes en 1874. Elle fut également la première femme élue maire en Angleterre, en 1906.

Madeleine Brès (1842-1921) : première femme médecin en France, en 1875, elle se spécialisa en puériculture et écrivit plusieurs livres sur ce sujet. Elle inaugura la première crèche à Paris en 1893.

Sophie Kowalevski (1850-1891) : première mathématicienne russe, elle écrivit trois mémoires pour lesquels elle obtint le titre de docteur de l'université de Göttingen en 1874. Elle fut une des premières femmes professeures d'université. Elle présenta une étude sur la rotation des corps en 1888.

Hope Bridges Adams-Lehmann (1855-1916) : d'origine anglaise, elle fut la première femme médecin en Allemagne en 1880. Elle accueillait les pauvres et les soignait gratuitement, se spécialisa en gynécologie et défendit l'avortement. Son livre *Women's Book*, sur la contraception et l'égalité des sexes, fut publié en 1896 et obtint un grand succès. Elle fut une pionnière des combats féministes.

Autres personnalités

Marie-Anne Gillain Boivin (1773-1841) : sage-femme française qui fit progresser l'obstétrique et écrivit plusieurs ouvrages médicaux de 1812 à 1833.

Mary Somerville (1780-1872) : Écossaise qui traduisit et écrivit des livres scientifiques dès 1825.

Mary Anning (1799-1847) : Britannique, elle découvrit des squelettes fossiles de reptiles marins (1821) et permit un avancement majeur de la paléontologie.

Élisa Lemonnier (1805-1865) : éducatrice, elle créa en 1862 la première école professionnelle pour les femmes en France.

Ada Lovelace (1815-1852) : mathématicienne britannique, elle participa en 1842 à un calcul d'algorithme pour une machine analytique (ancêtre mécanique de l'ordinateur). Première programmeuse, elle fut précurseur de langage informatique.

Maria Mitchell (1818-1889) : astronome américaine, elle découvrit une comète (qui porte son nom) en 1847 et fut la première femme enseignante d'astronomie d'une université de New York en 1865. Elle était féministe et partisane de l'abolition de l'esclavage.

Elizabeth Blackwell (1821-1910) : Anglo-Américaine et première femme médecin, en 1849, aux États-Unis, elle fonda son propre hôpital en 1857 et une école de formation pour les femmes en 1868.

Amalie Dietrich (1821-1891) : naturaliste allemande, elle récolta, en Australie, de nombreux spécimens pour le Muséum d'Hambourg (araignées, insectes, oiseaux, serpents).

Emily Stowe (1831-1903) : directrice d'école en 1852 au Canada, elle étudia la médecine aux États-Unis et devint la première femme médecin au Canada en 1867. Elle était également militante féministe.

Pauline Kergomard (1838-1925) : institutrice inspirée par Marie Pape-Carpantier, elle fut une des fondatrices de l'école maternelle en France (vers 1881). Elle développa les activités artistiques, le jeu, les sports, fit installer du mobilier adapté aux enfants et initia les premiers éléments des bases de calcul, d'écriture et de lecture.

Mary Putnam Jacobi (1842-1906) : Américaine, elle fut une des premières étudiantes à l'école de médecine de Paris en 1871. Puis, enseignante à New York, elle écrivit des centaines d'articles médicaux.

Henrietta Leavitt (1868-1921) : astronome américaine, elle travailla à partir de 1895 en tant que responsable du département de la photométrie photographique stellaire…

Augusta Dejerine-Klumpke (1859-1927) : première femme française interne des hôpitaux de Paris en 1886, elle fut une grande spécialiste en neurologie.

Maude Abbott (1869-1940) : seule femme de l'université, elle obtint son diplôme de médecin en 1894 au Québec, et devint une spécialiste mondiale des maladies cardiovasculaires.

Angelina Grimké

Lucy Stone

Flora Tristan

FÉMINISME AUX ÉTATS-UNIS

Sarah (1792-1873) et **Angelina Grimké** (1805-1879) : abolitionnistes et féministes à partir de 1835, elles furent les premières femmes à s'exprimer publiquement (à cette époque, seuls les hommes étaient autorisés à débattre en public…). Leur pétition abolitionniste fut signée par 20 000 femmes et leur grande notoriété leur permit de donner des conférences à Boston, mais elles firent scandale dans le sud des États-Unis.

Lucretia Mott (1793-1880) : enseignante et pasteur quakeresse, elle défendit le droit à l'éducation pour les femmes et combattit l'esclavagisme. En 1848 elle organisa le premier congrès sur les droits de la femme, qui sera précurseur du mouvement féministe américain.

Lucy Stone (1818-1893) : enseignante, elle défendit les droits des femmes et des esclaves (égalité salariale, vote, etc.), entreprit des études universitaires et fut une des premières femmes diplômées en 1847. Elle devint pour une société abolitionniste, à partir de 1848, une conférencière renommée. Sa collaboratrice **Elizabeth Cady Stanton** (1815-1902) fut une pionnière acharnée du droit de vote et du droit au divorce (1850). Elle écrivit de nombreux articles et un livre, *La Bible de la femme* (1895), et fut présidente de l'Association nationale pour le suffrage des femmes (1896).

Susan Brownell Anthony (1820-1906) : militante américaine des droits civiques, elle donna des centaines de conférences aux États-Unis et en Europe à partir de 1850, défendant l'égalité des salaires et le droit de vote et s'engageant contre l'esclavagisme. Elle fonda un journal, *The Revolution*, en 1868.

Ida Husted Harper (1851-1931) : enseignante américaine, elle rejoignit comme journaliste la *National American Woman Suffrage Association* et en devint l'éditorialiste (1896). Elle se spécialisa comme historienne du mouvement féministe, publiant plusieurs livres et articles sur le sujet.

FÉMINISME EN FRANCE

Flora Tristan (1803-1844) : Franco-Péruvienne, ouvrière militante dès 1840, elle écrivit plusieurs livres, notamment sur la condition ouvrière. Battue par son mari, elle le quitta et devint une des premières féministes engagées défendant le droit au divorce, à l'amour libre et à l'amélioration des conditions féminines. Elle s'engagea aussi dans le socialisme, dénonçant la misère des ouvriers. Elle entreprit une série de conférences en France. Elle mourut de fièvre typhoïde.

Pauline Roland (1805-1852) : institutrice, elle fut aussi journaliste pour les premiers journaux féministes en 1835 et dirigea le Club républicain des femmes en 1848. Elle défendit le droit à l'égalité dans l'éducation. Présidente du mouvement coopératif en 1848, elle fut arrêtée en 1850 à cause de son engagement socialiste et féministe, puis condamnée à dix ans de déportation en Algérie pour sa participation à la résistance au coup d'État de 1851. Son amie George Sand contribua à sa libération, mais les conditions difficiles de sa détention précipitèrent sa mort.

Julie-Victoire Daubié (1824-1874) : enseignante, elle fut la première femme à obtenir le baccalauréat, en 1861. Elle donna des conférences et devint journaliste économique tout en continuant d'étudier seule, les cours à la Sorbonne étant interdits aux femmes. Elle devint la première femme licenciée en lettres en 1872. Elle lutta pour l'accès à l'éducation des femmes et défendit leurs droits (vote, enseignement supérieur et formation professionnelle). Elle prépara une thèse de doctorat qu'elle ne put achever.

Louise Michel, dite « la bonne Louise » ou « la Vierge rouge » **(1830-1905)** : institutrice d'avant-garde, elle écrivit des poèmes, des contes pour enfants, des romans sociaux et correspondit avec Victor Hugo.
Engagée dans les mouvements républicains socialistes et révolutionnaires anarchistes, elle était une amie de Jules Vallès. Militante passionnée, elle défendit les pauvres et les esclaves et participa activement à la Commune en 1871. Arrêtée, elle passa presque deux ans en prison puis fut déportée vers la Nouvelle-Calédonie (de 1873 à 1880) où elle s'intéressa à la vie des Kanaks, recueillant leurs légendes, prenant leur défense et enseignant à nouveau. De retour à Paris, elle rejoignit le mouvement anarchiste, donna de nombreuses conférences, fonda le journal *Le Libertaire* et milita pour la justice et la liberté des femmes. Elle mourut d'une pneumonie.

Juliette Adam (1836-1936) : dans son salon politique de gauche républicaine, à partir de 1871, se retrouvaient Georges Clemenceau, Alphonse Daudet, Gustave Flaubert, Léon Gambetta, Victor Hugo, Guy de Maupassant ou encore Ivan Tourgueniev… Amie de George Sand, elle fonda en 1879 un journal littéraire, *La Nouvelle Revue*, et défendit l'émancipation de la femme.

Caroline Rémy, surnommée « Séverine » **(1855-1929)** : pacifiste et socialiste, elle fut secrétaire de Jules Vallès puis dirigea le journal *Le Cri du peuple* de 1883 à 1888. Elle écrivit des articles pour *La Fronde* et plusieurs livres, et participa à la création de la Ligue des droits de l'homme en 1898.

Marguerite Durand (1864-1936) : journaliste, elle créa *La Fronde* en 1897, le premier quotidien féministe, et entièrement élaboré par des femmes. Elle fonda aussi le premier office de documentation féministe en 1931.

FÉMINISME EN GRANDE-BRETAGNE

Emily Davies (1830-1921) : elle publia une revue féministe en 1862 et s'engagea dans la défense du droit de vote des femmes. Grâce à son combat, elle obtint l'admission des filles aux examens officiels des lycées et défendit leur droit d'accès aux universités. Elle fut enseignante puis directrice (1904) dans un collège féminin, et publia des ouvrages féministes.

Millicent Fawcett (1847-1929) : sœur d'Elizabeth Garrett, première femme médecin britannique, elle fut la secrétaire du député Henry Fawcett puis son épouse.
Elle milita pour le droit de vote des femmes, s'engagea en politique et devint la présidente de l'organisation des suffragistes de 1897 à 1919.

À noter : l'abolition de l'esclavage fut promulguée en 1833 dans les colonies britanniques, en 1848 dans les colonies françaises, en 1865 aux États-Unis.
Le congrès international pour les droits des femmes eut lieu à Paris en 1878.
Le droit de vote des femmes fut obtenu en 1919 aux États-Unis, 1928 en Grande-Bretagne, 1944 en France.

LITTÉRATURE FRANÇAISE

Marceline Desbordes-Valmore, dite « Notre-Dame des Fleurs » (1786-1859) : comédienne dès 1803, elle écrivit des poèmes qui seront très appréciés, notamment par Honoré de Balzac, Charles Baudelaire et Paul Verlaine.
Elle créa de nouveaux rythmes poétiques, et est considérée comme la première poétesse romantique.

Sophie Rostopchine, comtesse de Ségur (1799-1874) : originaire de Russie, elle arriva en France en 1817 et écrivit des contes et des romans pour enfants, inspirés de sa propre enfance, qui connurent un très grand succès dès 1857 et qui actuellement sont toujours appréciés (*Les Malheurs de Sophie*, *Les Petites Filles modèles*, etc.).

Aurore Lucile Dupin, dite « George Sand » (1804-1876) : après la publication de son premier roman, *Indiana*, elle prit un pseudonyme masculin pour ses autres romans, influençant ainsi son amie Marie d'Agoult.
Elle s'habillait en homme et, féministe, s'engagea pour la cause des femmes. Son troisième roman, *Lélia*, eut un grand succès mais fit aussi scandale. Elle devint alors une écrivaine reconnue et put vivre de son art. Ses liaisons passionnées avec Alfred de Musset (de 1833 à 1835) puis Frédéric Chopin (de 1836 à 1847) firent également scandale. Elle fonda une revue politique en 1841 et soutint la république socialiste, puis défendit Victor Hugo lorsqu'il fut exilé en 1852. Dans son château de Nohant ou dans sa maison parisienne, elle reçut de nombreux amis artistes (Honoré de Balzac, Eugène Delacroix, Gustave Flaubert, Théophile Gau-

tier, Franz Liszt, etc.). Elle écrivit de très nombreux romans, des contes, des pièces de théâtre, des critiques, un journal, une abondante correspondance… Elle mourut d'une occlusion intestinale.

Marie de Flavigny, comtesse d'Agoult, dite « Daniel Stern » **(1805-1876)** : écrivaine, elle vécut avec le compositeur et pianiste Franz Liszt de 1835 à 1839. Ils eurent trois enfants. Elle écrivit plusieurs livres dont une *Histoire de la Révolution de 1848*. Sa fille **Cosima** **(1837-1930)** fut l'épouse du compositeur Richard Wagner.

Judith Louise Gautier (1845-1917) : fille de l'écrivain Théophile Gautier, elle traduisit des poèmes chinois puis écrivit des romans très appréciés, des nouvelles, des pièces de théâtre, des mémoires… Grande amie de Richard Wagner, elle lui écrira de nombreuses lettres. Elle fut aussi la maîtresse de Victor Hugo. En 1910, elle fut la première femme élue membre de l'Académie Goncourt.

Marguerite Eymery, dite « Rachilde » **(1860-1953)** : auteure de plus de 60 romans et d'essais, son salon littéraire fut renommé : on y rencontrait les plus célèbres écrivains et poètes de l'époque. Elle dirigea dès 1889 la revue littéraire *Mercure de France* avec son mari, Alfred Vallette.

Autres personnalités de la littérature

Pauline de Beaumont (1768-1803) : amante de François René de Chateaubriand à partir de 1800, elle mourut de la tuberculose dans ses bras.

Ewelina Hańska (1801-1882) : noble polonaise, elle correspondit avec Honoré de Balzac pendant dix-sept ans, avant de l'épouser en 1850.

Juliette Drouet (1806-1883) : maîtresse de Victor Hugo, elle lui écrivit plus de 20 000 lettres en cinquante ans.

Marie Duplessis (1824-1847) : courtisane parisienne très célèbre pour sa beauté, elle mourut à 23 ans de la tuberculose et inspira Alexandre Dumas fils pour son roman *La Dame aux camélias*.

LITTÉRATURE ÉTRANGÈRE

Jane Austen (1775-1817) : romancière britannique, elle écrivit des poèmes dès 1787. Son premier roman *Sense and Sensibility (Raison et Sentiments)*, publié en 1811, connut un succès immédiat. Ses romans, sentimentaux mais également satiriques et ironiques, caricaturent la « bonne société » de l'époque. Elle est actuellement une des écrivaines les plus lues et appréciées. Ses écrits sont souvent adaptés au cinéma.

Mary Shelley (1797-1851) : fille de l'écrivaine britannique Mary Wollstonecraft, elle épousa le poète romantique Percy Bysshe Shelley et vécut en Italie avec lui et leur ami le poète lord Byron. Son roman le plus célèbre est *Frankenstein ou le Prométhée moderne*, publié en 1818. Elle écrivit aussi des romans historiques, des pièces de théâtre, des récits de voyage et des nouvelles. Mais sa vie fut tragique : ses trois enfants moururent jeunes et son époux se noya accidentellement en 1822.

Harriet Elizabeth Beecher-Stowe (1811-1896) : Américaine, fille et femme de pasteurs, tous très engagés contre l'esclavagisme, elle écrivit plusieurs romans dont le plus connu est *La Case de l'oncle Tom*.
Elle y dénonce les misères des esclaves noirs. Ce livre eut un immense succès aux États-Unis et en Europe. Traduit en plusieurs langues, il fut le roman le plus vendu du XIXe siècle.

Les sœurs Brontë : Britanniques et filles de pasteur, déjà très jeunes elles écrivaient, avec leur frère, des pièces de théâtre, des poésies ou des contes, qui ne furent pas publiés.
Charlotte (1816-1855) devint gouvernante et travailla en Belgique. Elle publia un recueil de poèmes en commun avec ses sœurs (sous des pseudonymes masculins).
Son roman *Jane Eyre*, en partie autobiographique, connut un grand succès en 1847. L'année suivante son frère mourut, suivi peu après par ses deux sœurs. Elle n'écrivit que quatre romans.
Emily (1818-1848) écrivit plusieurs poèmes à partir de 1831. Son roman *Les Hauts de Hurlevent*, publié en 1847, est considéré comme le symbole du romantisme lyrique. Elle mourut de la tuberculose.
Anne (1820-1849) composa des poèmes et deux romans, le plus connu étant *Agnes Grey*, paru en 1847. Elle mourut également de la tuberculose, à peine 5 mois après sa sœur Emily.

Mary Ann Evans, dite « George Eliot » (1819-1880) : assistante d'un éditeur anglais, elle écrivit plusieurs romans à partir de 1858 *(Adam Bede)*. Elle est considérée comme une des plus grandes écrivaines de l'époque victorienne.

Emily Dickinson (1830-1886) : excentrique et solitaire, elle préférait communiquer par correspondance. Elle écrivit plus de mille poèmes à partir de 1858, mais ils ne furent découverts qu'après son décès et publiés en 1890. Originaux et novateurs pour l'époque, peu classiques, ils évoquent surtout la mort. Elle fait partie des grandes poétesses américaines.

Ichiyo Higuchi (1872-1896) : écrivaine japonaise, ses romans publiés en 1894 eurent un succès retentissant *(La Treizième Nuit, Qui est le plus grand ?, etc.)*. Elle mourut prématurément de la tuberculose.

Isabelle Eberhardt (1877-1904) : née en Suisse, elle vécut ensuite en Algérie, écrivant des récits de voyage, des contes et des lettres. Elle se convertit à l'islam, s'habilla en homme et défendit les Algériens contre le pouvoir colonial, puis vécut en nomade dans le Sahara avec son compagnon musulman.
Journaliste, elle fut aussi reporter de guerre en 1903. Malade du paludisme, elle mourut par noyade lors de l'inondation du village où elle résidait. On publia ses écrits à partir de 1905.

MUSIQUE

Giuseppina Grassini (1773-1850) : chanteuse d'opéra italienne (contralto), elle remporta de grands succès dès l'âge de 16 ans à la Scala, puis chanta devant Bonaparte en 1800, devint sa maîtresse, et fut nommée par celui-ci première cantatrice de l'Empereur.

Fanny Mendelssohn (1805-1847) : Allemande, sœur de Felix Mendelssohn, elle fut comme lui pianiste et compositrice (à partir de 1820), mais son père ne voulut pas l'encourager et la dissuada de continuer. Plusieurs de ses œuvres furent donc signées par son frère…

María de la Felicidad García, dite « la Malibran » **(1808-1836)** : d'origine espagnole, elle apprit le chant dès l'âge de 6 ans avec son père ténor et devint une grande cantatrice mezzo-soprano à partir de 1825. Elle fut la gloire du Théâtre-Italien et triompha en France. Elle mourut des suites d'une chute de cheval.
Sa sœur **Pauline Viardot (1821-1910)** fut elle aussi cantatrice.

Clara Schumann (1819-1896) : pianiste allemande prodige dès 9 ans, compositrice à 10 ans (ses œuvres furent publiées à partir de 1829), elle épousa Robert Schumann en 1840 et fut l'interprète et l'inspiratrice de son mari, tout en continuant de composer (plus de 40 œuvres) et en élevant leurs huit enfants. Elle inspira aussi Johannes Brahms, enseigna le piano et donna des concerts en Europe pendant plus de trente ans.

Alma Mahler (1879-1964) : peintre et musicienne autrichienne, elle composa à partir de 1897 une centaine d'œuvres. Elle fut l'épouse de Gustav Mahler, puis la muse du peintre Oskar Kokoschka. Sa vie fut compliquée et tumultueuse.

Autres personnalités

Louise Farrenc (1804-1875) : enseignante de piano au conservatoire de Paris et compositrice d'environ 50 œuvres.
Henriette Sontag (1805-1854) : soprano d'origine allemande.

Cécile Chaminade (1857-1944) : pianiste concertiste et compositrice française, créa plus de 300 œuvres.
Felia Litvinne (1860-1936) : soprano russe, grande interprète de Wagner.

PEINTURE ET SCULPTURE

Berthe Morisot (1841-1895) : amie d'Henri Fantin-Latour, élève de Jean-Baptiste Corot, elle exposa dès 1864, posa pour Édouard Manet et épousa son frère Eugène Manet. Elle rejoignit les impressionnistes en 1874, participant à toutes leurs expositions (scènes familiales, paysages). Elle mourut d'une pneumonie.

Mary Cassatt (1844-1926) : Américaine, elle étudia la peinture en France et fut amie d'Edgar Degas et des peintres impressionnistes dès 1877. Ses toiles les plus connues représentent des mères et leurs enfants.

Camille Claudel (1864-1943) : sœur de l'écrivain Paul Claudel, elle s'intéressa très jeune à la sculpture (glaise) et devint l'élève puis la compagne du sculpteur Auguste Rodin à partir de 1883, chacun influençant l'autre. Elle travailla la terre, le plâtre, le bronze, le marbre… Voulant son indépendance, elle quitta Rodin en 1898, mais les difficultés financières et psychologiques, ainsi que la solitude, compliquèrent son sens créatif. Elle passa les trente dernières années de sa vie dans un asile d'aliénés. Elle est considérée comme une artiste majeure de son époque.

Suzanne Valadon (1865-1938) : acrobate de cirque, elle devint ensuite modèle pour Edgar Degas, Auguste Renoir, Henri de Toulouse-Lautrec. Elle était la mère du peintre Maurice Utrillo, né en 1883. Encouragée par Edgar Degas, elle exposa vers 1890 et fut la première femme admise à la Société nationale des beaux-arts en 1894. Elle peignit surtout des portraits et des nus.

D'autres artistes

Marie-Denise Villers (1774-1821) : portraitiste française.

Pauline Auzou (1775-1835) : peintre française, élève de Jacques-Louis David.

Margaret Sarah Carpenter (1793-1872) : portraitiste britannique.

Marie d'Orléans (1813-1839) : fille du roi Louis-Philippe Ier et sculptrice.

Rosa Bonheur (1822-1899) : peintre de scènes rustiques et animalières très réalistes.

Louise Abbéma (1853-1927) : peintre et amie de la comédienne Sarah Bernhardt.

Marie Bashkirtseff (1858-1884) : peintre et sculptrice russe, féministe, elle parlait quatre langues et voyagea dans toute l'Europe. Elle correspondit avec Guy de Maupassant.

PHOTOGRAPHIE

Julia Margaret Cameron (1815-1879) : Anglaise, inspirée par la peinture préraphaélite, elle fit des portraits de célébrités à partir de 1863.

Gertrude Käsebier (1852-1934) : Américaine, spécialisée dans les portraits, elle créa son atelier en 1897.

SPECTACLES

Marguerite Weimer, dite « Mlle George » (1787-1867) : grande tragédienne classique, sur scène dès l'âge de 5 ans, elle fut la plus jeune comédienne à jouer triomphalement le rôle de Clytemnestre à la Comédie-Française en 1802. Elle fut la maîtresse de Napoléon Ier à cette époque (elle avait 15 ans), puis du tsar Alexandre Ier. Elle était très admirée par Victor Hugo et Théophile Gautier.

Marie Taglioni (1804-1884) : danseuse italienne, elle fut la première grande ballerine romantique à partir de 1832 (premiers tutus et pointes). Elle triompha dans toute l'Europe jusqu'en 1860.

Rachel Félix, dite « Mlle Rachel » **(1821-1858)** : elle débuta au Théâtre-Français en 1838 et devint une très célèbre tragédienne (Pierre Corneille, Jean Racine, Voltaire) qui inspira Sarah Bernhardt. Elle joua sur plusieurs scènes d'Europe, aux États-Unis et en Russie. Elle mourut de tuberculose.

Rosine Bernard, dite « Sarah Bernhardt », surnommée également « la Voix d'or » ou « la Divine » **(1844-1923)** : elle triompha à l'Odéon dans *Ruy Blas* en 1872. Elle joua avec succès à travers le monde de 1880 à 1908 (*Phèdre, Hernani, La Dame aux camélias, etc.*), fut aussi connue pour ses rôles de travestie (*Hamlet, L'Aiglon*), puis fut directrice de théâtre à partir de 1893.
Artiste complète (elle avait eu un prix de l'Académie des beaux-arts), elle peignait, sculptait, écrivait des pièces de théâtre… Excentrique, originale, elle inspira la mode, l'art nouveau (affiches d'Alfons Mucha), la littérature (Marcel Proust), la photographie (Nadar), et fut aussi une des premières actrices de cinéma, en 1900.

Gabrielle Réju, dite « Réjane » **(1856-1920)** : actrice aussi populaire que Sarah Bernhardt, elle devint très célèbre en interprétant le rôle principal de *Madame Sans-Gêne* (pièce de Victorien Sardou), qu'elle joua triomphalement à New York. Elle fut aussi directrice de théâtre de 1911 à 1918. Elle mourut d'une crise cardiaque.

Loïe Fuller (1862-1928) : Américaine devenue très célèbre en 1892 en interprétant une chorégraphie avec de longs voiles de soie, elle travailla ensuite aux Folies Bergère, utilisant des miroirs et des jeux de lumière et créant ainsi une scénographie très innovante pour l'époque.

Yvette Guilbert (1867-1944) : chanteuse réaliste dès 1891 au Moulin-Rouge puis au Divan japonais, elle triompha sur les grandes scènes européennes et aux États-Unis. Henri de Toulouse-Lautrec fit d'elle un tableau célèbre, avec ses non moins célèbres gants verts.

Louise Weber, dite « la Goulue » **(1866-1929)** : danseuse de french cancan au Moulin-Rouge en 1889, elle inspira les peintres Henri de Toulouse-Lautrec et Auguste Renoir. Elle devint ensuite dompteuse de lions dans les fêtes foraines et les cirques et vécut pauvrement dans une roulotte, alcoolique, entourée d'animaux et oubliée de tous.

Jane Avril, dite « Jane la Folle », née Jeanne Louise Beaudon **(1868-1943)** : danseuse du Moulin-Rouge et des Folies Bergère, vers 1885, elle inspira Henri de Toulouse-Lautrec.

Caroline Otero, dite « la Belle Otero » **(1868-1965)** : courtisane espagnole, chanteuse et danseuse de cabaret, elle triompha sur les scènes parisiennes, européennes, russes et américaines dès 1892 et fit fortune. Très courtisée (rois, aristocrates, artistes…), elle aima le ministre Aristide Briand. Elle mourut ruinée, notamment à cause de son goût pour le jeu.

Cléopâtre-Diane de Mérode, dite « Cléo de Mérode » **(1875-1966)** : d'origine belge, elle étudia à l'école de danse de l'Opéra de Paris puis devint danseuse indépendante sur toutes les scènes du monde avec grand succès (particulièrement pour ses danses cambodgiennes en 1900 et pour un ballet pantomime). Elle fut la maîtresse de Léopold II de Belgique et posa pour les peintres, les sculpteurs et les photographes. Elle écrivit ses mémoires en 1955 : *Le Ballet de ma vie*.

PERSONNALITÉS ORIGINALES

Madame Ching (1775 ?-1844) : veuve du pirate chinois Ching Yi, elle le remplaça en 1807 et dirigea 500 bateaux et leurs hommes d'équipage qui, très redoutés, étaient plus puissants que l'armée chinoise.

Sophie Blanchard (1778-1819) : première femme aéronaute professionnelle, elle participa avec son mari aux premières expéditions en ballon (plus de 60), puis se spécialisa dans les vols de nuit. Elle fut célèbre dans toute l'Europe et présenta de nombreux spectacles de feux d'artifice, notamment pour l'Empereur (1810-1811), mais eut une fin tragique : elle fit une chute mortelle, son ballon ayant pris feu.

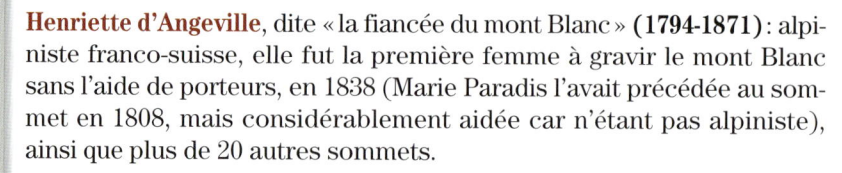

Henriette d'Angeville, dite « la fiancée du mont Blanc » **(1794-1871)** : alpiniste franco-suisse, elle fut la première femme à gravir le mont Blanc sans l'aide de porteurs, en 1838 (Marie Paradis l'avait précédée au sommet en 1808, mais considérablement aidée car n'étant pas alpiniste), ainsi que plus de 20 autres sommets.

Esther Lachmann, dite « la Païva » **(1819-1884)** : d'origine polonaise, elle fut marquise de Païva puis comtesse von Donnersmarck. Son mari lui fit construire un hôtel luxueux à Paris où elle devint une courtisane réputée. Elle fut soupçonnée d'être un agent de renseignements pour Bismarck en 1877.

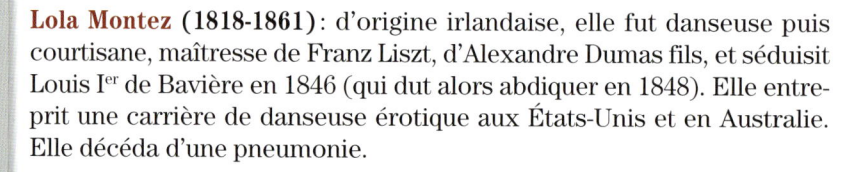

Lola Montez (1818-1861) : d'origine irlandaise, elle fut danseuse puis courtisane, maîtresse de Franz Liszt, d'Alexandre Dumas fils, et séduisit Louis Ier de Bavière en 1846 (qui dut alors abdiquer en 1848). Elle entreprit une carrière de danseuse érotique aux États-Unis et en Australie. Elle décéda d'une pneumonie.

Virginia Oldoini, comtesse de Castiglione (1837-1899) : aristocrate italienne, elle séduisit à 18 ans Napoléon III (47 ans) afin de le rallier à la cause italienne en 1855. Elle posa aussi pour le photographe Pierson.

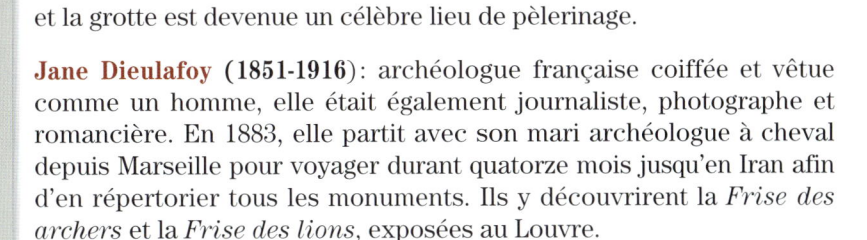

Bernadette Soubirous (1844-1879) : paysanne de condition modeste, elle eut des visions de la Vierge à Lourdes en 1858. Elle fut canonisée en 1933 et la grotte est devenue un célèbre lieu de pèlerinage.

Jane Dieulafoy (1851-1916) : archéologue française coiffée et vêtue comme un homme, elle était également journaliste, photographe et romancière. En 1883, elle partit avec son mari archéologue à cheval depuis Marseille pour voyager durant quatorze mois jusqu'en Iran afin d'en répertorier tous les monuments. Ils y découvrirent la *Frise des archers* et la *Frise des lions*, exposées au Louvre.

Martha Jane Cannary, dite « Calamity Jane » **(1852-1903)** : Américaine, orpheline vers 15 ans, elle aurait mené une vie héroïque et aventureuse : excellente cavalière, douée en tir, vêtue en homme, elle aurait été le guide du général Custer en 1870 et aurait combattu les Amérindiens. Elle fut aussi infirmière, puis convoya du bétail à travers plusieurs États.
À partir de 1896, elle participa à des spectacles d'acrobatie à cheval et de tir. Ses *lettres à sa fille* ne sont pas certifiées.

REINES, IMPÉRATRICES

Caroline Bonaparte (1782-1839) : plus jeune sœur de Napoléon Ier, elle épousa Joachim Murat (aide de camp de l'Empereur) en 1800 et fut reine de Naples en 1808.

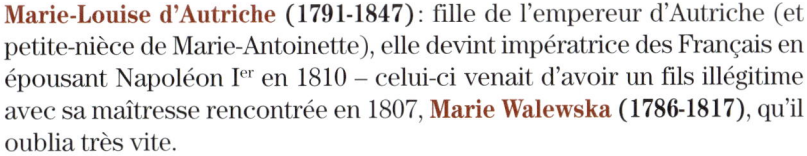

Marie-Louise d'Autriche (1791-1847) : fille de l'empereur d'Autriche (et petite-nièce de Marie-Antoinette), elle devint impératrice des Français en épousant Napoléon Ier en 1810 – celui-ci venait d'avoir un fils illégitime avec sa maîtresse rencontrée en 1807, **Marie Walewska (1786-1817)**, qu'il oublia très vite.
Elle eut un fils en 1811, le roi de Rome. Quand Napoléon Ier dut s'exiler à l'île d'Elbe en 1814, elle quitta la France avec son fils et devint duchesse de Parme où elle vécut jusqu'à sa mort, sans revoir son époux.

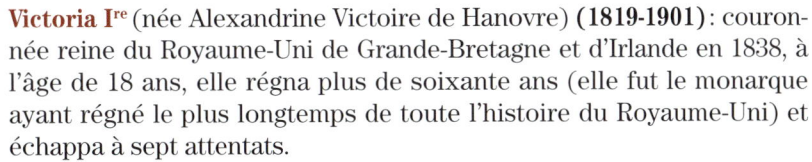

Victoria Ire (née Alexandrine Victoire de Hanovre) **(1819-1901)** : couronnée reine du Royaume-Uni de Grande-Bretagne et d'Irlande en 1838, à l'âge de 18 ans, elle régna plus de soixante ans (elle fut le monarque ayant régné le plus longtemps de toute l'histoire du Royaume-Uni) et échappa à sept attentats.
Elle fut reine du Canada en 1867, impératrice des Indes en 1877, reine d'Australie en 1901. Son royaume devint la première puissance mondiale.
Elle était très aimée et très populaire, et son époque fut nommée « victorienne ». Elle eut neuf enfants avec le prince de Saxe-Cobourg-Gotha, son cousin, épousé en 1840.

Marie-Eugénie de Montijo (1826-1920) : d'origine espagnole, elle épousa Napoléon III en 1853 et eut un fils, Louis-Napoléon, en 1856. Elle fut impératrice des Français de 1853 à 1871.

L'empereur lui fit construire la villa Eugénie à Biarritz en 1854, où elle lança la mode des bains de mer. Elle fonda un orphelinat et s'occupa des asiles et des hôpitaux. Veuve en 1873, elle perdit son fils en 1879 (militaire, tué en Afrique du Sud).

Élisabeth de Wittelsbach, dite « Sissi » **(1837-1898)** : duchesse de Bavière, elle épousa François-Joseph Ier et devint impératrice d'Autriche en 1854, puis reine de Hongrie en 1867. Elle voyagea beaucoup et vécut dans ses châteaux (Autriche, Hongrie et Grèce). Célèbre pour sa beauté, elle était anorexique et dépressive.

Son fils, Rodolphe Habsbourg, prince héritier, avait pour maîtresse une jeune Autrichienne, **Marie Vetsera** **(1871-1889)** : ils se suicidèrent ensemble à Mayerling, mais les circonstances restent suspectes et non élucidées : peut-être un double assassinat masqué ?

La fin de l'impératrice est tout aussi tragique puisqu'elle fut assassinée en Suisse, poignardée par un présumé anarchiste italien.

Élisabeth de Wied **(1843-1916)** : d'origine allemande, elle épousa Charles Ier en 1861 et devint reine de Roumanie en 1866.

Femme de lettres, elle écrivit des contes, des poésies, des pièces de théâtre et des romans sous le pseudonyme de Carmen Sylva. Elle encouragea aussi son amie poétesse **Elena Văcărescu** **(1864-1947)**.

Alexandra Fiodorovna Romanova **(1872-1918)** : d'origine allemande par son père, elle fut élevée en Angleterre par sa grand-mère, la reine Victoria. Elle épousa le grand-duc russe Nicolas II (avec qui elle eut cinq enfants) et fut impératrice de Russie en 1896. Elle subit l'influence du guérisseur mystique Raspoutine. Toute la famille impériale fut assassinée par les bolcheviks à Ekaterinbourg.

Reines de Madagascar

Ranavalona Ire (1788-1861) régna de 1828 à 1861. Nationaliste, elle défendit avec autorité l'indépendance de son pays et se méfia des ambitions colonialistes des Britanniques et des Français, tout en favorisant l'industrialisation et la modernisation de son île (hôpital, journaux, etc.).

Rasoherina (1814-1868) : nièce de la précédente, elle régna de 1863 à 1868 et signa un traité de paix avec la France et un accord commercial avec les États-Unis.

Ranavalona II (1829-1883) : cousine de la précédente, elle régna de 1868 à 1883 et modernisa le pays en faisant construire des écoles et paver les rues. Elle se convertit, puis imposa la religion protestante.

Ranavalona III (1862-1917) fut la dernière reine (1883-1897), mais sans grands pouvoirs.

Dès 1885, la France imposa un protectorat économique et réussit la colonisation de Madagascar en 1896. La reine dut s'exiler et ne revit plus son pays.

À noter : Madagascar proclama son indépendance en 1960.

Autres personnalités régnantes ou impériales

Julie Clary (1771-1845) épousa un frère de Napoléon, fut reine de Naples (1806 à 1808) puis reine d'Espagne (1808 à 1813).

Sa sœur, **Désirée Clary** (1777-1860), épousa le général Jean-Baptiste Bernadotte (qui devint roi de Suède en 1810).

Marie-Amélie de Bourbon-Siciles (1782-1866) : fille de la reine Marie-Caroline (sœur de Marie-Antoinette), elle épousa le duc d'Orléans, futur Louis-Philippe, avec qui elle eut dix enfants. Elle devint reine des Français en 1830, mais la famille dut s'exiler en Angleterre à la révolution de 1848.

Delphine de Girardin (1804-1855) écrivit des poésies, des chroniques pour des journaux (sous le pseudonyme de Charles de Launay), ainsi que plusieurs romans et pièces de théâtre. Elle reçut dans son salon littéraire renommé les plus grands écrivains de son époque (Honoré de Balzac, Alexandre Dumas, Théophile Gautier, Victor Hugo, Alphonse de Lamartine, Alfred de Musset, George Sand, etc.).

Mathilde Bonaparte (1820-1904) : nièce de Napoléon Ier, elle épousa le comte russe Anatole Demidoff, en 1840. Mais, celui-ci étant violent, elle le quitta peu après, et revint à Paris où son salon littéraire et artistique fut célèbre.

Isabelle II (1830-1904) : reine d'Espagne de 1833 (elle a trois ans et c'est sa mère Maria Cristina qui assure la régence) à 1868.

Ci'an (1837-1881) fut impératrice de Chine en 1852 (dynastie Qing), mais, sans héritier, elle fut remplacée par Cixi.

Cixi (1835-1908) : impératrice de Chine en 1861 après avoir été la concubine préférée de l'empereur depuis 1852 et lui ayant donné un fils héritier. Elle gouverna jusqu'en 1908, influençant son fils pour chaque décision jusqu'à la mort de celui-ci en 1874, puis elle manipula aussi son neveu, qu'elle aurait fait empoisonner.

Marguerite de Savoie (1851-1926) : reine d'Italie en 1878, elle fut une protectrice des arts et des lettres en fondant plusieurs sociétés culturelles. Bienfaitrice, elle encouragea les œuvres sociales. Sportive, elle fut la première femme à escalader le mont Rose.

La pizza « Margherita », aux couleurs du drapeau italien, fut ainsi nommée en son honneur, en 1889.

XXe SIÈCLE

ARCHITECTURE ET DÉCORATION

Eileen Gray (1878-1976) : Irlandaise, elle créa du mobilier arts déco et fut une créatrice précurseur de meubles plus modernes aux structures en acier (1925). Dans les années 1930, elle conçut des projets novateurs pour des logements sociaux et ses deux villas ont été classées monuments historiques.

Andrée Putman (1925) : architecte d'intérieur française appréciée à partir de 1978 (surtout en Chine et aux États-Unis) pour ses créations très épurées (ses carreaux noirs et blancs sont sa « marque »). Elle lança la mode des lofts et aménagea des musées, des bureaux de ministres, de nombreux hôtels et boutiques dans le monde ; elle a créé du mobilier, de la vaisselle, des bijoux, des lunettes… Sa fille Olivia dirige l'agence Le Studio depuis 1998.

Gae Aulenti (1927) : architecte italienne, surtout connue pour sa réhabilitation de musées (gare d'Orsay à Paris, musée d'Art de Catalogne à Barcelone).

Et aussi

Julia Morgan (1872-1957), Américaine, première femme reçue à l'École des beaux-arts de Paris (1892), elle créa plus de 800 édifices en Californie.

Lilly Reich (1885-1947), Allemande, créatrice de tissus, de chaises, professeur de design à l'école du Bauhaus.

Charlotte Perriand (1903-1999), architecte et designer française qui conçut du mobilier pour l'équipe de Le Corbusier, des logements sociaux (années 1930) et des meubles accessibles aux petits budgets.

Ray Eames (1912-1988), Américaine qui créa du mobilier et un fauteuil réputé.

Florence Knoll (1917), créatrice américaine célèbre pour son mobilier moderne (années 1950), épouse de Hans avec qui elle fonda la société Knoll International en 1938…

Mistinguett

Joséphine Baker

Édith Piaf

CHANSON ET MUSIC-HALL

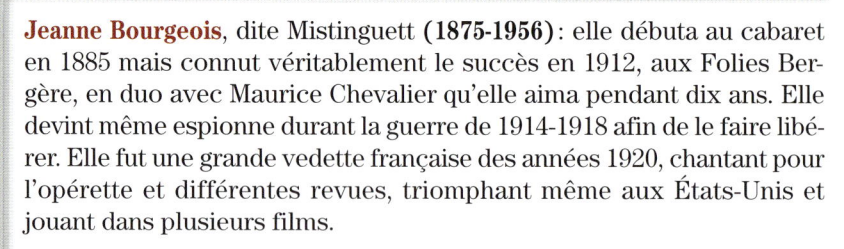

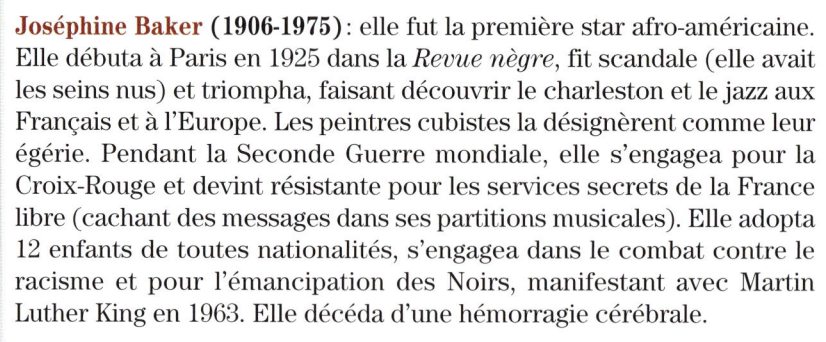

Jeanne Bourgeois, dite Mistinguett **(1875-1956)** : elle débuta au cabaret en 1885 mais connut véritablement le succès en 1912, aux Folies Bergère, en duo avec Maurice Chevalier qu'elle aima pendant dix ans. Elle devint même espionne durant la guerre de 1914-1918 afin de le faire libérer. Elle fut une grande vedette française des années 1920, chantant pour l'opérette et différentes revues, triomphant même aux États-Unis et jouant dans plusieurs films.

Joséphine Baker **(1906-1975)** : elle fut la première star afro-américaine. Elle débuta à Paris en 1925 dans la *Revue nègre*, fit scandale (elle avait les seins nus) et triompha, faisant découvrir le charleston et le jazz aux Français et à l'Europe. Les peintres cubistes la désignèrent comme leur égérie. Pendant la Seconde Guerre mondiale, elle s'engagea pour la Croix-Rouge et devint résistante pour les services secrets de la France libre (cachant des messages dans ses partitions musicales). Elle adopta 12 enfants de toutes nationalités, s'engagea dans le combat contre le racisme et pour l'émancipation des Noirs, manifestant avec Martin Luther King en 1963. Elle décéda d'une hémorragie cérébrale.

Édith Piaf, dite « la môme Piaf » (née Édith Giovanna Gassion) **(1915-1963)** : chanteuse de rue puis de cabaret, elle connut le succès en 1937 à l'ABC, célèbre music-hall parisien. Elle écrivit sa célèbre chanson *La Vie en rose* et lança la carrière de jeunes débutants (Yves Montand, Charles Aznavour, Georges Moustaki, Gilbert Bécaud). Les années 1950 furent celles de la consécration sur les plus grandes scènes du monde : *L'Hymne à l'amour*, *Mon Dieu*, *Milord* ou *Non, je ne regrette rien* la firent triompher. Elle devait cependant calmer ses douleurs (polyarthrite aiguë) avec de fortes doses de morphine. Son état de santé empira, accentué par ses déboires sentimentaux et son penchant pour l'alcool et les excès ; elle mourut d'une rupture d'anévrisme.

Elle demeure encore de nos jours une des chanteuses françaises les plus célèbres et légendaires.

Juliette Gréco **(1927)** chanteuse acclamée par le Paris de Saint-Germain-des-Prés dès 1949 (où elle eut une idylle avec le musicien Miles Davis), elle interpréta des chansons de Charles Aznavour, Guy Béart, Léo Ferré *(Jolie Môme)*, Serge Gainsbourg *(La Javanaise)*, Boris Vian… Elle fut aussi actrice dans de nombreux films et continue de créer avec talent, se produisant sur les grandes scènes internationales.

Et aussi

Fréhel (1891-1951) : chanteuse populaire réaliste française à succès dans les années 1920 et 1930.

Oum Kalthoum (1904?-1975) dite la « cantatrice du peuple » : plus grande chanteuse des pays arabes.

Barbara (1930-1997) : auteur-compositeur française.

Annie Fratellini (1932-1997) : artiste de cirque, première femme clown à partir de 1948.

Fayrouz (1935) : célèbre chanteuse libanaise depuis 1957.

Tina Turner (1938 ou 1939) : chanteuse américaine dite « la Reine du rock and roll », mondialement célèbre dès 1960.

Joan Baez (1941) : chanteuse américaine de musique folk, très engagée (contre le racisme, la guerre au Vietnam en 1967, etc.).

Janis Joplin (1943-1970) : chanteuse emblématique du rock américain des années 1960.

Liza Minnelli (1946) : actrice, chanteuse et danseuse américaine se produisant dans des comédies musicales à partir de 1960.

Madonna Louise Ciccone, dite « Madonna » (1958) : chanteuse, danseuse, actrice et réalisatrice surnommée « la Reine de la pop », mondialement célèbre avec des ventes de disques battant tous les records.

N.B. : de nombreuses chanteuses ne sont pas citées ici…

LES PLUS GRANDES CHANTEUSES DE JAZZ

Billie Holiday, dite « Lady Day » **(1915-1959)** : Afro-Américaine, elle eut une enfance difficile (misère, solitude, violences…). Elle chanta dès l'âge de 15 ans (premier enregistrement en 1933). Ses amis, les musiciens Duke Ellington, Teddy Wilson et Lester Young, l'accompagnèrent en tournées et à New York. Elle devint une très grande vedette mais se réfugia dans l'alcool et la drogue. Sa première tournée européenne en 1954 fut un triomphe, mais sa santé se dégrada rapidement et elle mourut d'une cirrhose aggravée d'infections.

Ella Fitzgerald, dite « The First Lady of Song » **(1917-1996)** : Afro-Américaine, elle débuta en 1934 à New York et commença une carrière solo en 1941. Spécialiste du swing, elle avait la particularité d'improviser des sons (le scat) et sa voix pouvait couvrir trois octaves. Elle accompagna les plus grands orchestres de jazz (Count Basie, Duke Ellington, etc.) et chanta avec Louis Armstrong, Frank Sinatra, Nat King Cole, etc. Elle mourut de complications dues à son diabète.

Bessie Smith (1894-1937), dite « l'Impératrice du blues » ; **Rose Murphy (1913-1989)** ; **Sarah Vaughan (1924-1990)** ; **Nina Simone (1933-2003)** ; **Aretha Franklin (1942)** ; **Dee Dee Bridgewater (1950)** ; **Cassandra Wilson (1955)**.

Trois chanteuses blanches influencées par les pionnières du jazz :
Anita O'Day (1919-2006), **Peggy Lee** (1920-2002), **Julie London** (1926-2000).

CINÉMA ET THÉÂTRE

Actrices américaines

Marlene Dietrich (1901-1992) : actrice et chanteuse américaine d'origine allemande, elle débuta dans les années 1920. Le film *L'Ange bleu* (et la chanson qu'elle y interpréta) la rendit célèbre en 1930 et elle devint la muse du réalisateur Josef von Sternberg. Opposée au parti nazi, elle se fit naturaliser américaine en 1937 et chanta pour soutenir les soldats. Elle tourna dans une trentaine de films aux États-Unis puis, dans les années 1960, se produisit comme chanteuse sur plusieurs scènes européennes et mondiales jusqu'en 1975.

Greta Garbo, dite « la Divine » (née Greta Lovisa Gustafsson) **(1905-1990)** : actrice suédoise, star du cinéma muet hollywoodien dans les années 1920, elle fut une des rares actrices à triompher aussi dans le parlant *(La Reine Christine, Ninotchka, etc.)*. Elle tourna dans une trentaine de films puis arrêta sa carrière en 1941, tout en restant très discrète et mystérieuse.

Marilyn Monroe (née Norma Jean Baker ou Mortenson) **(1926-1962)** : actrice américaine devenue une star dès 1950 avec des films maintenant légendaires tels que *Niagara, Sept ans de réflexion* ou *Les Désaxés*.
Sa vie personnelle ne fut pas épanouissante, car elle manquait de confiance en elle et ses nombreux amants (entre autres le président John F. Kennedy) ne comprenaient pas sa fragilité.
Sa disparition prématurée reste encore un mystère : suicide, erreur de dosage de médicaments ou assassinat ? Femme fantasmée et sublimée, elle demeure, encore aujourd'hui, le sex-symbol absolu pour le monde entier.

Et aussi

Actrices américaines

Mary Pickford (1893-1979), **Lillian Gish** (1896-1993), **Gloria Swanson** (1899-1983), **Joan Crawford** (1904-1977), **Louise Brooks** (1906-1985), **Katharine Hepburn** (1907-2003), **Bette Davis** (1908-1989), **Ingrid Bergman** (1915-1982), **Rita Hayworth** (1918-1987), **Gene Tierney** (1920-1991), **Judy Garland** (1922-1969), **Ava Gardner** (1922-1990), **Lauren Bacall** (1924), **Shirley Temple** (1928), **Grace Kelly** (1929-1982), **Audrey Hepburn** (1929-1993), **Jane Fonda** (1937), **Faye Dunaway** (1941), **Meryl Streep** (1949), etc.

Actrices britanniques

Vivien Leigh (1913-1967), **Elizabeth Taylor** (1932-2011), **Judi Deuch** (1934), **Maggie Smith** (1934), **Julie Andrews** (1935), **Jacqueline Bisset** (1944), **Jane Birkin** (1946), **Charlotte Rampling** (1946), etc.

Actrices françaises

Brigitte Bardot, dite « BB » **(1934)** : elle devint immédiatement un sex-symbol et une star internationale grâce au film de son premier mari, Roger Vadim, *Et Dieu créa… la femme* (1956) : provocante et insolente, elle y préfigure la femme libérée des années 1960. Adorée et copiée (elle lança la mode des ballerines, des jupons en vichy et de la coiffure « choucroute »), elle fut aussi détestée et agressée, poursuivie par les paparazzis.

Après une trentaine de films dont *La Vérité* et *Le Mépris*, puis des disques (notamment avec Serge Gainsbourg qui fut son amant), elle cessa définitivement le cinéma en 1973 pour consacrer son temps et sa fortune à la protection des animaux (refuges et fondation), faisant diminuer le massacre des bébés phoques. Malgré de nombreuses moqueries ou insultes, elle continue de défendre la cause animale.

Catherine Deneuve (née Catherine Dorléac) **(1943)** : remarquée dans *Les Parapluies de Cherbourg* en 1964, elle interpréta ensuite de très beaux rôles avec les plus grands réalisateurs français et internationaux, devint une star et symbolisa dans le monde entier la femme française et la Parisienne élégante (parfums Chanel et mode d'Yves Saint Laurent). Elle est certainement l'une des plus grandes actrices actuelles, avec une carrière impressionnante de plus de 50 ans, plus de 100 films, des choix de rôles inattendus ou audacieux, alternant films grand public et cinéma d'auteur.

Et aussi

Arletty (1898-1992), **Edwige Feuillère** (1907-1998), **Danielle Darrieux** (1917), **Michèle Morgan** (1920), **Simone Signoret** (1921-1985), **Jeanne Moreau** (1928), **Annie Girardot** (1931-2011), **Bernadette Lafont** (1938-2013), **Romy Schneider** (1938-1982), **Nathalie Baye** (1948), **Fanny Ardant** (1949), **Isabelle Huppert** (1953), **Isabelle Adjani** (1955), etc.

Actrices italiennes

Anna Magnani (1908-1973), **Alida Valli** (1921-2006), **Gina Lollobrigida** (1927), **Silvana Mangano** (1930-1989), **Monica Vitti** (1931), **Léa Massari** (1933), **Sophia Loren** (1934), **Virna Lisi** (1937), **Claudia Cardinale** (1938), **Laura Antonelli** (1941)…

N.B. : les actrices célèbres des années 1980, 1990, 2000, ne sont pas citées ici.

Femmes metteurs en scène

Tania Balachova (1902-1973) : d'origine russe, elle fut enseignante d'art dramatique au théâtre du Vieux-Colombier à Paris, de 1945 à sa mort. Ses cours étaient aussi réputés que ceux de Lee Strasberg à New York et elle forma de nombreux comédiens devenus célèbres par la suite.

Silvia Monfort (1923-1991) : Française, résistante pendant la guerre, elle participa au festival d'Avignon avec Jean Vilar et son Théâtre national populaire en 1947, devenant très connue dans toute l'Europe. Elle joua des pièces dans les rues afin de proposer la culture à tous (années 1960). Elle fit construire son propre théâtre à Paris (à son nom) mais ne put le voir achevé, car elle mourut d'un cancer du poumon quelques mois auparavant.

Ariane Mnouchkine (1939) fonda le Théâtre du Soleil en 1964, devenant la première femme française à diriger sa propre compagnie (à l'ancienne Cartoucherie de Vincennes). Novatrice, elle proposa un travail collectif et égalitaire, des spectacles engagés (politiques et sociaux) pour un public populaire et participatif. Elle est aussi scénariste et réalisatrice pour le cinéma.

Et aussi

Macha Makeïeff (1953), **Irina Brook** (1962), etc.

Réalisatrices

Leni Riefenstahl (1902-2003) : Allemande, elle fut une des premières femmes réalisatrices, en 1932, et devint la cinéaste officielle de la propagande nazie. Elle filma les Jeux olympiques de Berlin en 1936 et inventa de nouvelles techniques (cadrages différents, travellings) mais, pour son engagement dans un régime totalitaire, elle fut rejetée des autres cinéastes en 1945 et passa en jugement (elle fut acquittée). Elle réalisa ensuite des reportages photographiques (années 1960-1970) et des films sur la vie sous-marine.

Agnès Varda (1928) : cinéaste française dont le premier film, *La Pointe courte* (1955), fut précurseur de la nouvelle vague. Elle réalisa ensuite de nombreux films dans les années 1960 et 1970, s'engagea dans le mouvement féministe et proposa ensuite divers documentaires dans les années 1980, 1990, notamment sur son mari, le cinéaste Jacques Demy. Actuellement, elle s'oriente vers l'art contemporain.

Et aussi

Germaine Dulac (1882-1942), première femme réalisatrice (1915), **Yannick Bellon** (1924), **Nadine Trintignant** (1934), **Nelly Kaplan** (1936), **Nina Companeez** (1937), **Joyce Buñuel** (1942), **Nicole Garcia** (1946), **Josée Dayan** (1947), **Coline Serreau** (1947), **Diane Kurys** (1948), **Chantal Akerman** (1950), **Tonie Marshall** (1951), **Jane Campion** (1954), **Yamina Benguigui** (1957), etc.

LES PLUS GRANDES DANSEUSES CLASSIQUES

Anna Pavlova (1881-1931) : danseuse russe partenaire de Vaslav Nijinski, renommée dans le monde entier dès 1906.

Yvette Chauviré (1917) : danseuse étoile à l'Opéra de Paris en 1941 et pour les ballets de Serge Lifar.

Margot Fonteyn (1919-1991) : danseuse britannique du Royal Ballet (1961), partenaire de Rudolf Noureïev.

Maïa Plissetskaïa, dite « la Diva de la danse » **(1925)** : après l'école du Bolchoï à Moscou, elle triompha sur scène dès l'âge de 9 ans, jouant à guichets fermés, mais ne fut autorisée à quitter la Russie qu'en 1959.

Et aussi

Ida Rubinstein (1885-1960), danseuse des Ballets russes à partir de 1909, muse et mécène de nombreux artistes (compositeurs, chorégraphes, écrivains, musiciens, peintres, sculpteurs).
Alicia Alonso (1920), Cubaine, en partie aveugle depuis l'âge de 19 ans, participa cependant à des comédies musicales puis devint danseuse étoile à New York et en Europe avant de fonder sa compagnie à La Havane.
Ludmila Tcherina (1924-2004), Française, plus jeune danseuse étoile classique (à 15 ans), peintre et sculpteur.
Janine Charrat (1924), Française, inspira de nombreux écrivains et peintres et fonda en 1951 sa propre compagnie puis, grièvement brûlée en 1961, dirigea le ballet de l'Opéra de Genève.
Suzanne Farrell (1945), Américaine, muse du chorégraphe George Balanchine (1961), dansa au New York City Ballet pendant plus de trente ans avant d'enseigner dans sa propre compagnie…

CHORÉGRAPHES DE DANSE MODERNE

Isadora Duncan (1878-1927) : Américaine s'inspirant de l'Antiquité et de la mythologie, dansant pieds nus et en tunique fluide, elle fut précurseur de la danse moderne. Elle remporta un grand succès en 1910 à Paris, où elle créa une école de danse et devint muse de nombreux artistes (écrivains, peintres, photographes, sculpteurs, etc.). Elle mourut de façon tragique, étranglée par son foulard coincé dans une roue de son auto décapotable.

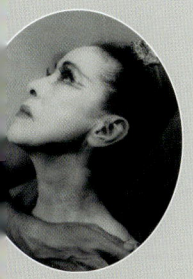

Martha Graham (1894-1991) : Américaine, elle fonda sa propre compagnie, exclusivement féminine, en 1926, et fut une des pionnières de la danse moderne avec **Hanya Holm (1898-1992)** et **Doris Humphrey (1895-1958)**.

Trisha Brown (1936) : Américaine, elle créa plus de 90 chorégraphies avec des artistes contemporains dès 1970.

Pina Bausch (1940-2009) : Allemande novatrice avec la danse-théâtre, à partir de 1975.

Carolyn Carlson (1943) : Américaine mêlant danse moderne et improvisation jazz en 1974 pour l'Opéra de Paris puis en Europe dès 1980, où elle dirige des compagnies réputées avec plus de 70 chorégraphies.

DANSE CONTEMPORAINE

Karine Saporta (1950), **Maguy Marin** (1951) et **Régine Chopinot** (1952), cette dernière proposant des spectacles d'humour et de dérision aux costumes originaux à partir de 1978.

Et aussi

Ginger Rogers (1911-1995), Américaine, partenaire inoubliable de Fred Astaire au cinéma tout comme **Cyd Charisse**, dite « The Legs » (« les jambes ») (1921-2008), Américaine danseuse et actrice de comédies musicales.

Zizi Jeanmaire (1924), danseuse française classique à l'Opéra de Paris, épousa le chorégraphe Roland Petit puis devint à partir de 1954 chanteuse et meneuse de revue pour le music-hall et actrice de cinéma.

Twyla Tharp (1941), danseuse et chorégraphe américaine novatrice dès 1971, dans sa propre compagnie, mêlant danse moderne et classique, jazz ou pop, créant des comédies musicales, des revues et un total de plus de 130 ballets.

Marie-Claude Pietragalla (1963), étoile française à l'Opéra de Paris en 1990, directrice du Ballet national de Marseille (1998) et de sa propre compagnie de danse moderne depuis 2004.

Sylvie Guillem (1965), la plus jeune étoile française de l'Opéra de Paris (nommée par Noureïev), dansa ensuite au Royal Ballet de Londres (1989) et se consacre maintenant à la danse contemporaine.

LITTÉRATURE FRANÇAISE

Alexandra David-Néel (1868-1969) : exploratrice franco-belge, féministe, elle étudia les philosophies orientales avant de devenir une grande voyageuse. Elle partit en 1911 pour l'Inde où elle vécut plusieurs années et adopta un jeune Tibétain.

Elle voyagea ensuite avec lui au Japon, en Corée, en Chine, en Mongolie, pour arriver enfin, après plus de 3 000 km, à la Cité interdite de Lhassa, au Tibet, en 1924 (première Européenne à y entrer). En France, elle donna des conférences et écrivit ses récits de voyages ainsi que des ouvrages sur le bouddhisme. Infatigable, elle repartit à 70 ans pour la Chine, puis l'Inde.

Colette (née Sidonie Gabrielle Colette) (1873-1954) : elle écrivit ses souvenirs d'enfance pour son premier mari, Willy, qui signa les livres de son nom (les *Claudine* en 1900-1903) !

Elle divorça, devint mime dans des cabarets et fit scandale avec un sein dénudé. Elle raconta sa vie de spectacles dans *L'Envers du music-hall*. Féministe avant-gardiste, elle coupa ses cheveux, s'habilla parfois en homme et eut plusieurs amantes avant de se remarier en 1912. Elle écrivit des articles, des critiques littéraires, des pièces de théâtre… Ses nombreuses œuvres (plus de 50) sont des hymnes sensuels et poétiques à la nature, les saisons, les chats, le plaisir… Elle fut élue membre de l'Académie Goncourt en 1945. Elle eut droit à des funérailles nationales.

Elsa Triolet (née Elsa Kagan) **(1896-1970)** : d'origine juive russe, elle s'installa à Paris en 1918 et y écrivit ses premiers romans, se liant d'amitié avec les artistes surréalistes et traduisant des romans russes. Elle rencontra le poète Louis Aragon en 1928 et devint sa muse. Ensemble ils prirent part à la Résistance.
Elle obtint le prix Goncourt en 1944 pour *Le Premier Accroc coûte deux cents francs* (nouvelles). Sympathisante communiste au côté de son mari, elle changea d'opinion en 1957 et écrivit des romans dénonçant le stalinisme. Elle mourut d'une crise cardiaque. Sa sœur **Lili Brik** **(1891-1978)** fut la compagne du poète russe Vladimir Maïakovski.

Marguerite Yourcenar (née Marguerite Cleenewerck de Crayencour) **(1903-1987)** : Belge, elle écrivit ses premiers romans dans les années 1930. Elle vécut aux États-Unis à partir de 1939, avec sa compagne, et y devint enseignante tout en écrivant romans, essais, mémoires, pièces de théâtre, traductions.
Ses œuvres sont ponctuées de pensées philosophiques et orientales. *Mémoires d'Hadrien* (la vie de l'empereur romain), fut un succès mondial, ainsi que *L'Œuvre au noir* (époque de la Renaissance).
Elle fut la première femme élue à l'Académie française, en 1980.

Simone Weil **(1909-1943)** (ne pas la confondre avec Simone Veil, femme politique et féministe) : elle étudia à l'École normale supérieure et fut agrégée de philosophie en 1931. Enseignante et militante politique d'extrême gauche, elle défendit les opprimés de toutes races, participant aux grèves et donnant une partie de son salaire pour les plus démunis. Elle fut même ouvrière en usine.
Pacifiste, elle rejoignit pourtant les combattants anarchistes lors de la guerre d'Espagne en 1936, puis l'Angleterre pour la France libre (1942). Elle mourut de tuberculose et ses livres ne furent publiés qu'après son décès. Elle est une des philosophes les plus importantes de son époque.

Marguerite Duras (née Marguerite Donnadieu) **(1914-1996)** : femme de lettres et cinéaste française, elle passa son enfance en Indochine. Elle vécut avec le poète Robert Antelme en France et participa à la Résistance. *Un barrage contre le Pacifique* (souvenirs d'enfance) fut un succès en 1950. Dans les années 1960, elle manifesta contre la guerre d'Algérie et avec les étudiants de mai 1968.
Elle réalisa plusieurs films dans les années 1970 et des pièces de théâtre, mais se réfugia dans l'alcool. Certaines de ses prises de position, radicales, déclenchèrent des polémiques. *L'Amant* fut un succès mondial, obtint le prix Goncourt (1984) et fut adapté au cinéma.

Françoise Sagan (née Françoise Quoirez) **(1935-2004)** : elle écrivit son premier roman, *Bonjour tristesse*, en 1954. Il pulvérisa les records de vente et fit scandale par sa liberté de ton et de mœurs.

Elle scandalisa aussi par son comportement (voitures de sport, jeux au casino, fêtes). Après un grave accident de voiture en 1957, elle devint dépendante des médicaments, de l'alcool et de la drogue.

Mariée deux fois, elle eut un fils et une compagne pendant quinze ans.

Elle brûla sa vie sans compter, plus que généreuse avec son argent, se ruinant aux jeux et dans une affaire de fraude fiscale, tout en écrivant des nouvelles, des pièces de théâtre, des scénarios, des romans (désinvoltes en apparence mais plutôt caustiques à l'égard de la société bourgeoise). Elle mourut d'une embolie pulmonaire.

Françoise Sagan

Anna de Noailles

Et aussi

Marguerite Audoux (1863-1937) : couturière, elle vécut dans la misère et son livre *Marie-Claire* fut un immense succès, traduit en plusieurs langues et récompensé du prix Fémina.

Marie de Régnier (1875-1963) : elle écrivit sous le pseudonyme de Gérard d'Houville des romans et des poésies et reçut le Premier Prix de littérature de l'Académie française en 1918. Elle était la fille du poète José-Maria de Heredia et l'épouse du poète Henri de Régnier.

Anna de Noailles (1876-1933) : poète et muse, elle recevait tous les grands écrivains dans son salon littéraire, et plusieurs peintres ont fait son portrait.

Clara Malraux (1897-1982) : épouse d'André Malraux, elle écrivit des romans et des mémoires.

Nathalie Sarraute (1900-1999) : juive et d'origine russe, elle fut précurseur du nouveau roman.

Louise de Vilmorin (1902-1969) : poète et romancière. Certains de ses livres furent adaptés au cinéma. Elle a également joué la comédie dans quelques films.

Irène Némirovsky (1903-1942) : d'origine russe, elle mourut en déportation à Auschwitz et est le seul écrivain à avoir reçu le prix Renaudot à titre posthume.

Jacqueline de Romilly (1913-2010) : professeure de langue et de littérature grecques, première femme professeur au Collège de France, en 1973, première femme élue à l'Académie des belles lettres, en 1975, et deuxième femme élue à l'Académie française, en 1988.

Hélène Carrère d'Encausse (1929) historienne spécialiste de la Russie et de l'Union soviétique, elle fut élue à l'Académie française en 1990.

Françoise Chandernagor (1945) : première femme reçue major à l'ENA en 1968, elle écrit des romans historiques et fut élue membre de l'Académie Goncourt en 1995…

N.B. : les romancières à succès des années 1980, 1990, 2000, ne sont pas notées ici.

LITTÉRATURE ÉTRANGÈRE

Lou Andreas-Salomé (**1861-1937**) : Allemande d'origine russe, grande amie du philosophe Friedrich Nietzsche, elle aima l'écrivain Rainer Maria Rilke et l'inspira dans son travail. Elle correspondit avec lui pendant de longues années, ainsi qu'avec le psychanalyste Sigmund Freud rencontré en 1911. Elle écrivit des romans, des livres de philosophie et de psychanalyse et des œuvres féministes.

Edith Wharton (1862-1937) : Américaine, auteure de poèmes et de nouvelles, elle fut l'amie des écrivains Francis Scott Fitzgerald et Henry James et côtoya de nombreux artistes parisiens. Elle fut la première femme à recevoir le prix Pulitzer en 1921, pour *Le Temps de l'innocence*, et écrivit une vingtaine de romans dont certains furent adaptés au cinéma.

Virginia Woolf (née Adeline Virginia Stephen) **(1882-1941)** : elle fut éduquée dans une famille britannique intellectuelle (son père était écrivain et fréquentait beaucoup d'artistes). En 1912, elle épousa l'écrivain Leonard Woolf, mais elle eut une longue liaison avec la poétesse **Vita Sackville-West** **(1892-1962)** qui lui inspira, en 1928, le roman *Orlando*. Elle écrivit plusieurs romans ainsi que des traités féministes sur l'éducation des filles. Dépressive, elle se suicida en se noyant. Elle fait partie des plus grandes romancières britanniques.

Hannah Arendt **(1906-1975)** : juive allemande, elle suivit les cours de philosophie de Martin Heidegger avec qui elle eut une liaison dès 1925. Fuyant l'Allemagne nazie en 1933, elle se réfugia en France puis aux États-Unis. Naturalisée Américaine, elle fut professeure de philosophie politique et écrivit son œuvre majeure, en trois parties, *Les Origines du totalitarisme* (1951), puis d'autres livres importants ainsi que des articles sur le procès du nazi Adolf Eichmann, publiés en 1963.

Et aussi

Gertrude Stein (1874-1946) : Américaine vivant en France et collectionnant les œuvres cubistes. Son salon littéraire fut réputé avant la Première Guerre mondiale.

Natalie Clifford Barney (1876-1972) : Américaine vivant à Paris, poétesse, elle reçut de nombreuses personnalités dans son salon littéraire très célèbre (de 1910 à 1970).

Katherine Mansfield (1888-1923) : écrivaine néo-zélandaise, auteure de nouvelles.

Anna Akhmatova (1889-1966) : une des plus grandes poétesses russes, mais interdite de publication pendant trente ans.

Marina Tsvetaïeva (1892-1941) : poétesse russe dont l'œuvre fut peu reconnue de son vivant. Elle se suicida. Sa poésie ne fut réhabilitée qu'en 1960.

Fumiko Hayashi (1903-1951) fut une des plus grandes romancières japonaises.

Anaïs Nin (1903-1977) : Américaine, devenue célèbre grace à ses journaux intimes, elle fut une des premières femmes à écrire des romans érotiques.

Gabrielle Roy (1909-1983), Canadienne ; **Carson McCullers** (1917-1967), Américaine ; **Barbara Pym** (1913-1980), Britannique ; **Christa Wolf** (1929), Allemande ; **Joyce Carol Oates** (1938), Américaine ; **Margaret Atwood** (1939), Canadienne ; **Isabel Allende** (1942), Chilienne, etc.

Prix Nobel de littérature

Selma Lagerlöf (Suède) en 1909 ; **Grazia Deledda** (Italie) en 1926 ; **Sigrid Undset** (Norvège) en 1928 ; **Pearl Buck** (États-Unis) en 1938 ; **Gabriela Mistral** (poétesse chilienne) en 1945 ; **Nelly Sachs** (Suédoise d'origine allemande) en 1966 ; **Nadine Gordimer** (Afrique du Sud) en 1991 ; **Toni Morrison** (États-Unis) en 1993, première femme de couleur récompensée ; **Wislawa Szymborska** (poétesse polonaise) en 1996 ; **Elfriede Jelinek** (Autriche) en 2004 ; **Doris Lessing** (Grande-Bretagne) en 2007 ; **Herta Müller** (Allemagne) en 2009 ; **Alice Munro** (Canada) en 2013.

LITTÉRATURE POLICIÈRE

Agatha Christie, dite « la Reine du crime » **(1890-1976)** : elle est certainement l'un des auteurs britanniques les plus connus : ses romans policiers (86) ont été traduits dans le monde entier et certains adaptés au cinéma, à la télévision, au théâtre, en bandes dessinées… Ses livres, publiés de 1920 à 1975, tous des succès, furent novateurs pour l'époque, les lecteurs essayant de découvrir eux-mêmes l'énigme et le coupable.

Et aussi

Les Britanniques **Phyllis Dorothy James** (1920) et **Ruth Rendell** (1930) ; les Américaines **Patricia Highsmith** (1921-1995), **Mary Higgins Clark** (1927), **Elizabeth George** (1949) et **Patricia Cornwell** (1956) ; la Française **Fred Vargas** (1957), etc.

LITTÉRATURE JEUNESSE ET BANDE DESSINÉE

Beatrix Potter (1866-1943) : dessinant très jeune fleurs et animaux, elle publia vers 1900 son premier livre, *Peter Rabbit (« Pierre Lapin »)*, qui fut un immense succès en Angleterre puis aux États-Unis, de même que les 22 suivants. Écologiste avant l'heure, elle utilisa ses gains pour acheter de nombreux terrains afin de les préserver. Actuellement, ses livres sont encore parmi les plus vendus dans le monde…

Enid Blyton (1897-1968) : institutrice britannique, elle écrivit plus de 800 romans pour enfants à partir de 1940, les séries *Oui-Oui* et *Le Club des Cinq* étant les plus connues. Un des auteurs les plus traduits au monde, dans plus de 40 langues.

Claire Bretécher (1940) : dessinatrice et scénariste française de bande dessinée. Elle débuta en 1963 et créa plusieurs personnages (les Gnangnan, Cellulite, etc.), mais c'est avec *Les Frustrés* en 1973 et *Agrippine* en 1988 qu'elle rencontra un grand succès, se moquant avec lucidité de ses contemporains et de la société (politiques, écolos, féministes, bourgeois, profs, parents, ados, enfants : aucun n'est épargné).

Joanne Kathleen Rowling (1965) est l'auteure britannique d'une série de romans sur l'élève de sorcellerie Harry Potter, qui sont adaptés au cinéma. Elle devint mondialement célèbre en 1997 et reverse une partie de sa fortune à des œuvres caritatives (notamment pour les enfants malades ou en difficulté).

MODE

Jeanne Lanvin (1867-1946) : cette couturière française s'installa à Paris où elle créa des robes pour sa fille et lança la mode pour enfants. Son entreprise fut mondialement célèbre dès 1909, surtout pour ses robes très élégantes. À partir de 1925, elle fit élaborer plusieurs parfums à succès et des gammes de maquillage.

Madeleine Vionnet (1876-1975) fonda sa maison de couture en 1912 et fut une spécialiste du drapé et de la coupe en biais afin de sublimer les courbes. Féministe précurseur, elle libéra les femmes du corset. Pionnière sociale, elle proposait des vacances à ses ouvrières bien avant la loi sur les congés payés. Elle fit partie des plus grandes couturières françaises et influença la mode moderne et les grands noms de la haute couture.

Gabrielle Bonheur Chasnel, dite « Coco Chanel » **(1883-1971)** : couturière française qui fonda en 1915 sa maison de couture et créa un style avant-gardiste inspiré des tenues sportives masculines anglaises. Elle lança la mode du jersey, des marinières, des cheveux coupés, des pantalons, ainsi que la fameuse petite robe noire (1926) et les tailleurs en tweed agrémentés de nombreux colliers et du petit sac matelassé (1954). Son parfum N° 5 tout comme sa mode sont les symboles de l'élégance française dans le monde entier.

Elsa Schiaparelli (1890-1973) : créatrice italienne extravagante, elle fit parler d'elle avec ses pulls à motifs cubistes ou surréalistes, ses collaborations avec des artistes tels que Jean Cocteau, Salvador Dalí ou Man Ray, son chapeau en forme de chaussure, ses sacs à main en forme de téléphone, ses collections à thème (cirque, papillons, musique, etc.), son fameux « rose shocking » et le parfum du même nom (1937).

Hanae Mori (1926) : couturière japonaise, elle créa des costumes pour le cinéma, puis pour l'opéra. Elle fonda sa maison de couture en 1962. Sa première collection, présentée à New York en 1965, fut un succès, de même que sa boutique à Paris en 1977 : elle fut la première femme d'affaires japonaise. Son emblème est le papillon, ses robes brodées et ses vestes kimono sont des chefs-d'œuvre réputés ; elle créa aussi de nombreux accessoires et des parfums.

Sonia Rykiel (1930) : couturière française, elle ouvrit sa première boutique en 1968 à Paris et proposa des collections de pulls originaux (coutures à l'envers, grandes rayures multicolores, motifs strassés, inscriptions…). Féministe, elle revendique le droit à la liberté dans la mode, à l'indépendance, à la provocation, au plaisir…
Elle a imaginé des parfums, des collections pour enfants, pour hommes, des chaussures et des accessoires, une ligne de lingerie, des *sex toys* et possède plusieurs boutiques dans le monde.

Elle est aussi écrivaine, designer, créatrice de costumes et productrice de théâtre. Sa fille Nathalie Rykiel est directrice artistique de la marque depuis 2000.

Et aussi

Estée Lauder (1906-2004) : femme d'affaires américaine d'origine hongroise, elle fut une des premières à créer une entreprise de cosmétiques, en 1946, qui aura une renommée internationale.

Jeanne Paquin (1869-1936) : grande couturière française, l'une des premières reconnues internationalement dès la fin du XIXe siècle.

Helena Rubinstein (1870-1965) : Américaine d'origine polonaise, elle créa une ligne de produits cosmétiques dès 1902 et devint une brillante et riche femme d'affaires, inventant aussi les premiers instituts de beauté.

Nina Ricci (1882-1970) : Française d'origine italienne, elle créa sa maison de couture en 1932 puis une entreprise de parfums à partir de 1946.

Mary Quant (1934) : créatrice britannique célèbre pour sa minijupe et son short (années 1960), elle fut aussi designer de voiture pour l'Austin Mini en 1988 et ses boutiques au Japon sont très appréciées.

Vivienne Westwood (1941) : styliste britannique, elle lança la mode punk.

Chantal Thomass (1947) : créatrice française spécialisée dans la lingerie de luxe très sexy et très chic…

MUSIQUE

Nadia Boulanger (1887-1979) : organiste française, premier prix d'orgue à 16 ans et prix de Rome de composition en 1908, elle devint professeure de grande renommée jusqu'à sa mort et fut aussi chef d'orchestre.

Sa sœur **Lili Boulanger** (1893-1918), compositrice, apprit le piano dès 6 ans avec Gabriel Fauré avant d'étudier au conservatoire. Elle fut la première femme à obtenir le grand prix de Rome de composition musicale en 1913 et créa une trentaine d'œuvres mais mourut très jeune de tuberculose intestinale.

Germaine Tailleferre (1892-1983) : compositrice française, premier prix de solfège au conservatoire, premier prix d'harmonie en 1913, premier prix de fugue en 1915, elle fit partie du groupe des Six et fréquenta de nombreux artistes (Guillaume Apollinaire, Marie Laurencin, Fernand Léger, Amedeo Modigliani, Pablo Picasso, Maurice Ravel, etc.). Elle ne cessa de composer (près de 200 œuvres) pendant plus de soixante-dix ans (malgré l'opposition de ses deux maris), reçut des commandes d'écrivains (Paul Claudel, Paul Valéry) et composa de nombreuses musiques de films. Beaucoup de ses créations ont malheureusement disparu…

Lily Laskine (1893-1988) : harpiste française d'origine russe, premier prix à 11 ans, elle fut la première femme instrumentiste admise à l'Opéra de Paris, en 1909, puis devint soliste à l'Orchestre national de France en 1934. Ses disques eurent un succès mondial. Elle fut aussi professeure au conservatoire.

Martha Argerich (1941) : pianiste argentine, enfant prodige, elle joua en concert à 8 ans, puis étudia en Europe et se produisit sur scène. Elle reçut plus d'une dizaine de prix et enregistra plus de 100 disques (bien qu'interrompant sa carrière pendant plusieurs années). Elle est considérée comme l'une des plus grandes pianistes.

Et aussi

Marguerite Long (1874-1966) : pianiste française au succès international, elle interpréta notamment les œuvres de Claude Debussy, Gabriel Fauré et Maurice Ravel qui furent ses amis. Elle créa en 1946 un concours international d'interprétation (qui porte son nom) avec le violoniste Jacques Thibaud.

Ginette Neveu (1919-1949) : violoniste française, enfant prodige de renommée mondiale, elle mourut dans un accident d'avion à destination de New York (en même temps que le boxeur Marcel Cerdan).

Rebecca Clarke (1886-1979) : violoniste altiste britannique, elle est une des plus importantes compositrices de musique classique.

Jane Evrard (1893-1984) : violoniste, elle devint une des premières chefs d'orchestre.

Ida Presti (1924-1967) : guitariste française exceptionnelle, elle joua en duo avec Alexandre Lagoya de 1950 à 1967 : leur succès fut international. Elle composa aussi des œuvres mais mourut prématurément d'un cancer.

OPÉRA

Elisabeth Schwarzkopf (1915-2006) : soprano britannique d'origine allemande. Après des débuts à Berlin, Vienne et Paris, elle devint renommée dès 1946 sur toutes les scènes européennes puis aux États-Unis. Elle cessa sa carrière en 1979 puis enseigna l'art lyrique.

María Callas, dite « la Callas » (1923-1977) : soprano dramatique coloratureaméricaine et grecque. Après des études au conservatoire d'Athènes, elle chanta sur scène dès 17 ans, mais la consécration arriva à partir de 1952, ses rôles les plus célèbres étant ceux de *Norma* de Vincenzo Bellini et *Tosca* de Giacomo Puccini.

Sa voix d'une amplitude de presque trois octaves, sa beauté, son élégance et ses interprétations font d'elles une des plus grandes divas de l'art lyrique et la cantatrice la plus légendaire.

Elle rencontra Aristote Onassis en 1959 et délaissa sa carrière pour lui (mais aussi à cause de fréquents problèmes de voix), fit donc ses adieux à la scène en 1965 et se consacra à l'enseignement (Juilliard School de New York). Elle donna encore quelques récitals en 1973-1974, et mourut d'une embolie pulmonaire.

Montserrat Caballé (1933) : soprano espagnole, elle débuta sa carrière en Europe en 1956 puis triompha en 1965 à New York. À partir de 1972, elle choisit le répertoire du bel canto (Bellini, Rossini, Verdi, etc.). Après un dernier concert en 2007, elle se consacre désormais aux œuvres caritatives.

Cecilia Bartoli (1966) : mezzo-soprano italienne, elle a 9 ans lors de sa première apparition sur scène (ses parents étant tous deux artistes lyriques) et se fait connaître en France en 1985. À partir de 1988, sa carrière devient internationale et elle est une artiste très populaire et innovante qui contribue à faire découvrir et aimer l'opéra à un large public.

Cecilia Bartoli

Quelques sopranos françaises

Germaine Lubin (1890-1979) : interprète préférée de Gabriel Fauré, elle triompha à Paris en 1938 puis partout en Europe mais, suspectée de collaboration avec les Allemands, elle fut jugée et quitta la France.

Mado Robin (1918-1960) : premier prix à Paris en 1937, elle triompha mondialement en 1944. Sa voix était exceptionnelle (elle pouvait atteindre la note la plus aiguë chantée), mais elle mourut à 41 ans d'un cancer.

Régine Crespin (1927-2007) ; **Mady Mesplé** (1931) ; **Béatrice Uria-Monzon** (1963).

Natalie Dessay (1965) : sa carrière est internationale à partir de 1993, ses interprétations originales et parfois humoristiques sont un triomphe et la vente de ses disques bat des records…

Natalie Dessay

Quelques sopranos américaines

Leontyne Price (1927) ; **Jessye Norman** (1945) ; **Barbara Hendricks** (1948) ; **Julia Migenes** (1949) ; **Renée Fleming** (1959), etc.

Et aussi

Kirsten Flagstad (1895-1962), Norvégienne ; **Rosa Ponselle** (1897-1981), Italo-Américaine ; **Oum Kalthoum** (1904 ?-1975), Égyptienne, considérée comme la plus populaire des chanteuses arabes ; **Renata Tebaldi** (1922-2004), Italienne ; **Yma Sumac** (1922-2008), Péruvienne ; **Joan Sutherland** (1926-2010), Australienne ; **Teresa Berganza** (1935), Espagnole ; **Kiri Te Kanawa** (1944), Néo-Zélandaise ; **Anne Sofie von Otter** (1955), Suédoise ; **Anna Netrebko** (1971), Autrichienne, etc.

PEINTURE

Marie Laurencin

Marie Laurencin (1883-1956) : Française, amie des cubistes, elle exposa dès 1907 et aima et inspira le poète Guillaume Apollinaire jusqu'en 1912. Sa carrière commença surtout à partir de 1920 où elle fit de nombreux portraits et aquarelles de ses amis écrivains, créa des décors et costumes de théâtre ou de ballets et écrivit un recueil de souvenirs.

Sonia Delaunay (née Sarah Stern) **(1885-1979)** : Française d'origine ukrainienne, elle s'installa à Paris et rencontra le peintre Robert Delaunay en 1909 avec qui elle travailla et imagina ce style particulier de formes géométriques très colorées. Elle marqua son époque avec ses créations (coussins, tissus, abat-jour, meubles), illustra des poésies de Blaise Cendrars en 1913 et s'associa au couturier Jacques Heim pour une collection de vêtements (années 1920).

Tamara de Lempicka (1898-1980) : d'origine polonaise, elle réalisa des portraits à la fois cubistes, colorés et sensuels. Elle fut une vedette du

Paris des années folles à partir de 1925 puis, fuyant le nazisme, elle s'exila aux États-Unis où ses portraits de stars hollywoodiennes eurent un grand succès.

Frida Kahlo (1907-1954) : artiste mexicaine dont l'art fut un mélange de surréalisme, de symbolisme et d'art populaire. Elle fit de nombreux auto-portraits à partir de 1926, mettant en scène sa douleur (atteinte de polio-myélite à 10 ans, elle eut également un accident par collision avec un autobus à 19 ans, de nombreuses opérations, des fausses couches, etc.). Elle rencontra le peintre Diego Rivera en 1928, ils se marièrent peu après mais leur vie de couple fut tumultueuse (divorce, remariage…). Féministe et indépendante, elle évoqua aussi ses opinions politiques dans ses œuvres et dans son journal. Elle mourut d'une pneumonie.

Leonor Fini (1908-1996) : peintre italienne et décoratrice dont les tableaux sont de style fantastique et onirique. Elle rencontra les artistes surréalistes à Paris et exposa en 1939, puis créa des costumes pour le théâtre (années 1950-1960) et des illustrations pour des écrivains. Elle inspira des poètes, des peintres et des réalisateurs. Artiste libre, sensuelle et mystérieuse, elle avait une passion pour les chats et les représenta souvent.

Et aussi

Emily Carr (1871-1945): Canadienne, elle défendit la culture amérindienne (totems, portraits).

Romaine Brooks (1874-1970) : artiste américaine connue pour ses portraits sombres.

Natalia Gontcharova (1881-1962): Russe, elle participa à la création du rayonnisme et réalisa des décors de ballets.

Georgia O'Keeffe (1887-1986): Américaine, elle fut une des premières modernistes (fleurs, coquillages géants, etc.).

Sophie Taueber (1889-1943): Suisse dadaïste (collages, tableaux géométriques, marionnettes), décoratrice, elle fut l'épouse du peintre, sculpteur et poète Jean Arp.

Suzanne Duchamp (1889-1963) : peintre cubiste et dadaïste française, sœur du peintre Marcel Duchamp.

Hannah Höch (1889-1978) : artiste allemande dadaïste (collages féministes et politiques).

Elvire Jan (1904-1996) : Bulgare, elle créa des œuvres abstraites et des vitraux.

Dora Maar (1907-1997) : Française, amante du peintre Pablo Picasso (lui inspirant de nombreux portraits), elle fut photographe et peintre (ses autoportraits cubistes et ses paysages ne furent découverts qu'après sa mort).

Maria Vieira da Silva (1908-1992): Portugaise, art abstrait (tapisseries, vitraux, tableaux quadrillés, etc.).

Alice Martinez-Richter (1911-1996) : Française, elle fut une des premières femmes à obtenir le prix de Rome en 1933.

Charlotte Salomon (1917-1943) : artiste juive allemande qui réalisa des gouaches autobiographiques et mourut en déportation.

Leonora Carrington (1917-2011) : auteure britannique de tableaux surréalistes, de fresques et de sculptures, elle écrivit des pièces de théâtre et des romans et fut la compagne du peintre et sculpteur Max Ernst.

Aline Gagnaire (1922-1997): peintre française surréaliste.

Joan Mitchell (1925-1992) : peintre américaine dont les tableaux abstraits sont lumineux et très colorés.

Nancy Spero (1926-2009) : artiste américaine auteure de dessins ou gouaches sur papier condamnant la politique et la guerre.

Dorothea Tanning (1910-2012) ; **Meret Oppenheim** (1913-1985) ; **Sophie Calle** (1953).

Nancy Cunard

Dorothea Lange

Muses et mécènes

Misia Sert (1872-1950) : d'origine polonaise, pianiste, elle fut une artiste célèbre à Paris à partir de 1900. Elle inspira le compositeur Maurice Ravel, les poètes Stéphane Mallarmé et Paul Verlaine, le créateur de mode Paul Poiret, des peintres et des sculpteurs (Pierre Bonnard, Aristide Maillol, Pablo Picasso, Auguste Renoir, Henri de Toulouse-Lautrec, Édouard Vuillard, etc.) et des écrivains tels que Jean Cocteau, Paul Morand ou encore Marcel Proust. Elle était une grande amie de Coco Chanel, Colette, Serge de Diaghilev, Erik Satie, Igor Stravinski, etc.

Mina Loy (1882-1966) : poétesse britannique, elle fut la muse des peintres futuristes italiens en 1906 et travailla avec Marcel Duchamp. Dans les années 1930, elle fut agent artistique de créateurs tels que Georges Braque, Giorgio De Chirico, Alberto Giacometti, Max Ernst.

Gala Dalí (1894-1982) : d'origine russe, elle épousa le poète Paul Éluard en 1917 et fut sa muse, posa pour l'artiste Max Ernst puis devint l'épouse et l'unique modèle du peintre Salvador Dalí à partir de 1932.

Nancy Cunard (1896-1965) : Britannique, elle s'installa à Paris à partir de 1920, écrivit des poèmes et influença l'écrivain anglais Aldous Huxley, le poète Louis Aragon ainsi que le photographe Man Ray. Éditrice en 1927, elle fit connaître de nombreux écrivains et poètes britanniques ou américains. Elle devint une militante politique engagée contre le racisme et le fascisme (années 1930).

Peggy Guggenheim (1898-1979) : Américaine, elle vécut à Paris et devint l'amie de l'artiste Constantin Brancusi pour lequel elle ouvrit une galerie d'art à Londres en 1938, conseillée par Jean Cocteau et Marcel Duchamp. Elle commença une immense collection d'œuvres d'art et exposa les œuvres de nombreux sculpteurs abstraits. Durant la Seconde Guerre mondiale, elle aida financièrement des artistes juifs à s'enfuir aux États-Unis. Elle s'y installa elle-même en 1941 et épousa Max Ernst, ouvrit une galerie à New York et fit connaître encore de grands artistes.
Elle vécut ensuite à Venise à partir de 1948 et son palais est devenu un musée qui porte son nom.

PHOTOGRAPHIE

Dorothea Lange (1895-1965) : Américaine, elle fut la pionnière du reportage sociopolitique en photographiant les immigrants et les réfugiés de 1935-1936, en Californie, lors de la Grande Dépression. Son travail toucha la presse et le pays, permettant une aide financière d'urgence pour les plus démunis. En revanche, son reportage en 1942 sur les camps japonais (à la suite de la destruction de Pearl Harbor) sera censuré.

Germaine Krull (1897-1985) : Allemande, elle privilégia les photos de nus, mais aussi les architectures métalliques des espaces urbains (à Paris, en 1926, on la surnomma « la Walkyrie de fer »). Ses différentes expositions en Europe furent des succès. En 1944, elle photographia le débarquement allié (en Provence).

Gisèle Freund (1912-2000) : Française d'origine allemande, juive, elle vécut à Paris à partir de 1935 et fit de nombreux et célèbres portraits d'écrivains (Simone de Beauvoir, André Malraux, etc.). Elle fut une des premières à utiliser la couleur, dès 1938. Elle fit des photos de paysages (Patagonie) et des reportages pour l'agence Magnum, écrivit des essais sur la photographie et des recueils de souvenirs.

Diane Arbus (1923-1971) : Américaine, elle débuta en 1957 et photographia la société américaine urbaine (essentiellement à New York et en noir et blanc) : portraits d'inconnus, de marginaux, d'originaux ou de malades mentaux. Son style novateur, créatif et artistique fut essentiel dans l'histoire de la photo. Mais dépressive, elle se suicida.

Christine Spengler (1945) : Française, elle est reporter de guerre depuis 1970, photographiant les femmes et les enfants victimes de conflits dans le monde (Irlande du Nord en 1972, Vietnam en 1973, Afghanistan en 1997). Elle proposa dans les années 1980 des photographies plus personnelles et en couleurs (des proches décédés) avec une mise en scène de fleurs et d'objets afin de trouver une échappatoire à sa douleur.

Et aussi

Claude Cahun (1894-1954), Française, nombreux autoportraits surréalistes.

Berenice Abbott (1898-1991), Américaine, fit des portraits d'artistes (à Paris dans les années 1920) et des clichés urbains (à New York) et contribua à faire connaître le photographe français Eugène Atget.

Lee Miller (1907-1977), Américaine, élève et modèle de Man Ray, modèle de Pablo Picasso, correspondante de guerre pour l'armée américaine (de 1942 à 1946), fit aussi des portraits célèbres d'artistes.

Gerda Taro (1910-1937), juive et Allemande, antifasciste, exilée à Paris dès 1933 où elle devint la compagne du photographe Robert Capa avant de partir avec lui pour un reportage sur la guerre d'Espagne où elle mourut écrasée par un char.

Janine Niépce (1921-2007), Française et résistante, une des premières reporters-photographes.

Cindy Sherman (1954), Américaine, créa à partir de 1977 des séries d'autoportraits où elle se mit en scène (costumes, décors) afin de critiquer, souvent de façon dérangeante, la place de la femme dans la société…

SCULPTURE

Germaine Richier (1902-1959) : Française, élève d'Antoine Bourdelle en 1926, sa première exposition (des bustes) date de 1934. Elle travailla ensuite sur des thèmes d'homme-animal ou d'homme-végétal (à partir des années 1940), essentiellement en bronze, et exposa jusqu'à la fin de sa vie.

Louise Bourgeois (1911-2010) : artiste plasticienne américaine d'origine française, elle s'installa à New York et sa première exposition date de 1945. Elle créa des totems, des bustes-escaliers (ou murs, ou portes), des fragments corporels sexuels, exprimant ainsi ses questionnements et problèmes personnels. Ses œuvres les plus connues restent les araignées géantes. Elle utilisa de nombreux supports (bois, caoutchouc, fer, latex, marbre, os, tissus, verre, etc.) et son art est à la fois minimaliste et monumental, surréaliste et expressionniste… Artiste complète, elle laissa aussi des dessins, des gravures, des peintures et des livres.

Niki de Saint Phalle (1930-2002) : Française, elle fit partie en 1961 du groupe artistique des nouveaux réalistes. Ses œuvres les plus célèbres sont les « Nanas », de gigantesques sculptures très plantureuses, dansantes et colorées, parfois utilisées en fontaines. Elle créa aussi des décors et des costumes pour des spectacles (ballets, théâtre), du mobilier et de grandes structures de jeux pour les enfants. De 1978 à 1990, avec son mari l'artiste Jean Tinguely, elle réalisa en Toscane un jardin de 22 sculptures monumentales (des femmes-maisons, certaines étant habitables), utilisant divers matériaux bruts avec des décors de cailloux, céramiques, miroirs et mosaïques… Elle mourut d'une maladie respiratoire (causée par l'inhalation des produits toxiques utilisés pour ses œuvres).

Et aussi

Louise Nevelson (1899-1988), Ukrainienne créant des assemblages de boîtes ou d'objets en bois.

Barbara Hepworth (1903-1975), Britannique, sculptait des formes abstraites en bois, bronze, calcaire, cuivre, marbre, un travail comparé à celui d'Henry Moore.

Marta Colvin (1907-1995), Chilienne utilisant le bois, le bronze, le marbre, la pierre pour des œuvres totémiques.

Alicia Penalba (1913-1982), Argentine, réalisa des œuvres abstraites évoquant des animaux et des végétaux.

Simone Boisecq (1922), Française créant des sculptures abstraites monumentales géométriques (granit, pierre).

Annette Messager (1943), artiste contemporaine française proposant des installations et des accumulations d'objets, d'animaux, de collages, de photos, etc.

ÉDUCATION, MÉDECINE

Maria Montessori (1870-1952) : Italienne, elle fut la première femme diplômée en médecine à Rome, en 1896. Elle se spécialisa en psychiatrie infantile et créa le premier jardin d'enfants en 1907. Elle fut précurseur d'une méthode d'éducation par l'autonomie et l'apprentissage par le jeu, basée sur l'observation de l'enfant. Obligée de quitter l'Italie en 1936 (le gouvernement fasciste fermant toutes ses écoles), elle vécut aux Pays-Bas. Plus de 8 000 écoles dans le monde portent son nom et appliquent toujours sa méthode.

Helen Keller (1880-1968) : Américaine, elle était sourde et aveugle. Grâce à son éducatrice **Ann Mansfield Sullivan** (1866-1936), elle put apprendre à lire et à écrire le braille, puis à parler (vers 1887). Elle fut la première femme handicapée à obtenir un diplôme, en 1904. Elle défendit les droits des femmes, écrivit des livres, donna des conférences et permit la création d'une fondation pour aveugles.

Marie Bonaparte (1882-1962) : première psychanalyste française (non médecin), elle fut cofondatrice de la première Société de psychanalyse en France (1926). Grande amie de Sigmund Freud, elle traduisit ses livres (1927) et lui permit de quitter Vienne afin de fuir les nazis (1937). Elle aida de la même façon plusieurs intellectuels juifs à s'enfuir d'Autriche.

Françoise Dolto (1908-1988) : médecin française, elle fut une pionnière de la psychanalyse pour enfants (à partir de 1939). Elle participa à la fondation de la Société française de psychanalyse avec son collègue Jacques Lacan (1953) et écrivit de très nombreux livres de pédagogie à partir des années 1970, insistant sur l'importance de l'écoute et de la considération des enfants et de leurs souffrances. Ses émissions sur France Inter, de 1976 à 1978, remportèrent un très grand succès.
Elle créa aussi la Maison Verte, un lieu d'écoute pour parents et enfants, en 1979 (ce projet existe toujours dans plusieurs villes). Sa fille **Catherine Dolto-Tolitch** (1946) s'est spécialisée dans l'haptonomie et a créé une collection de livres pour enfants.

Autres médecins

Irma Levasseur (1878-1964), première femme médecin franco-canadienne, en 1900, participa à la fondation d'un hôpital pour enfants à Montréal et se spécialisa en chirurgie et pédiatrie.

Thérèse Bertrand-Fontaine (1895-1987), première femme médecin des hôpitaux de Paris, en 1930, spécialiste des recherches sur les maladies hépatiques, pulmonaires et rénales, élue membre de l'Académie nationale de médecine en 1969 (la deuxième femme après Marie Curie).

Virginia Apgar (1909-1974), médecin anesthésiste américaine, créa en 1952 une méthode d'observation des constantes vitales du nouveau-né (score d'Apgar), toujours utilisée actuellement et mondialement…

Autres psychanalystes

Sophie Morgenstern (1875-1940), juive polonaise, psychiatre, une des premières psychanalystes pour enfants.

Mélanie Klein (1882-1960), médecin britannique d'origine autrichienne.

Anna Freud (1895-1982), Autrichienne, fille de Sigmund Freud, fonda une clinique pour enfants en 1938.

Myriam David (1917-2004), Française, attentive aux souffrances des enfants abandonnés ou maltraités.

Maud Mannoni (1923-1998), Française d'origine néerlandaise, spécialiste des psychoses, fonda une école pour enfants autistes en 1969.

FÉMINISME

Clara Zetkin (1857-1933), enseignante allemande, elle fut militante féministe et adhéra au Parti socialiste, fonda une revue politique et lutta pour le droit de vote, le droit au divorce et l'égalité sociale. Présidente du

secrétariat international des femmes socialistes, elle proposa en 1910 la création de la Journée internationale des droits des femmes.
Opposée à la guerre, elle devint pacifiste en 1915 (elle fut emprisonnée pour cette raison). Son combat féministe permit l'obtention du droit de vote pour les femmes allemandes en 1918. Elle participa ensuite à la fondation du Parti communiste allemand (KPD) et en fut une députée de 1920 à 1933. Elle critiqua le nazisme ainsi que le stalinisme. Son décès à Moscou reste suspect…

Simone de Beauvoir (1908-1986) : elle fut licenciée ès lettres en 1928 et agrégée de philosophie.
Son premier roman, *L'Invitée*, remporta un grand succès. Avec Jean-Paul Sartre et plusieurs amis intellectuels, elle fonda une revue littéraire en 1945 : *Les Temps modernes*.
Engagée politiquement pour le communisme, elle fut surtout une ardente féministe : son livre *Le Deuxième Sexe*, en 1949, fit scandale parmi les conservateurs et les misogynes (elle y rejette le mariage, défend la légalisation de l'avortement, dénonce une société considérant la femme inférieure…).
Compagne de Sartre, elle eut parallèlement des relations amoureuses féminines et masculines.
Elle rédigea des mémoires en plusieurs tomes, des essais philosophiques et des pièces de théâtre mais reste connue comme l'écrivaine féministe la plus importante, étant notamment à l'initiative de la pétition du *Manifeste des 343* (en 1971 pour le *Nouvel Observateur*), où plusieurs femmes célèbres reconnaissaient avoir avorté.

Françoise Giroud (1916-2003) : Française, elle fut résistante (agent de liaison) puis journaliste défendant la cause des femmes.
Elle créa avec son compagnon Jean-Jacques Servan-Schreiber le magazine politique *L'Express* en 1953 et fut la première femme directrice de rédaction (jusqu'en 1974).
Devenue secrétaire d'État à la Condition féminine (1974-1976), elle favorisa l'insertion des femmes dans la société.
En 1979, elle fonda avec des médecins et des écrivains l'association Action contre la faim, écrivit des articles, des biographies, des romans, des scénarios, produisit des émissions de télévision et resta toujours très engagée pour la cause féministe.

Doris Lessing (1919) est britannique. Elle a vécu en Afrique du Sud et a utilisé ses souvenirs pour écrire *Vaincue par la brousse* (1950) et *Nouvelles africaines*.
Engagée contre l'apartheid et le colonialisme, elle ne cachait pas ses opinions politiques de gauche. Son livre *Le Carnet d'or*, en 1962, fut acclamé par les féministes, la plaçant comme l'égale de Simone de Beauvoir, bien qu'elle ne fût pas revendicatrice de ce mouvement. En 2000, elle critiqua ouvertement le gouvernement de Robert Mugabe (président du Zim-

babwe) ce qui lui valut d'être interdite de séjour dans ce pays. Elle reçut en 2007 le prix Nobel de littérature, couronnant une soixantaine d'œuvres ainsi que ses nombreux engagements.

Betty Friedan (1921-2006) : Américaine, elle créa en 1966 le mouvement *Now* (National Organization for Women, qui signifie aussi « Maintenant ») pour revendiquer l'égalité des sexes et les droits des femmes – ce qu'elle avait déjà évoqué dans son livre *La Femme mystifiée*, paru en 1963 et qui fit grand bruit.

Gisèle Halimi (1927) : avocate française juive, d'origine tunisienne, elle s'engagea activement dans plusieurs causes politiques et féministes (indépendance des pays du Maghreb, dénonciation des tortures et crimes de guerre, Mouvement démocratique féminin, droit à la contraception et à l'avortement, etc.).
Elle créa en 1971, avec Simone de Beauvoir, l'association Choisir qui soutint le procès de Bobigny en 1972 (où elle défendit une adolescente ayant avorté) et contribua avec retentissement à l'évolution de la loi favorisant l'interruption volontaire de grossesse. Elle s'engagea ensuite dans la défense des femmes violées, le droit à la parité en politique et écrivit plusieurs livres pour la cause des femmes.

Simone Veil (1927) : Française et juive, elle fut arrêtée en 1944 (ainsi que toute sa famille) et déportée à Auschwitz (puis libérée en 1945 avec seulement deux de ses sœurs).
Licenciée en droit puis diplômée de Sciences Po, elle fut la première femme secrétaire générale du Conseil supérieur de la magistrature (1970), puis inspecteur des Finances et P-DG de plusieurs entreprises. De 1974 à 1979, elle fut ministre de la Santé et fit voter en 1975 (sous les injures, menaces et huées masculines…) la loi qui porte son nom et qui légalise le droit à l'IVG. Elle devint la première femme présidente du Parlement européen, de 1979 à 1982, puis fut ministre d'État de 1993 à 1995 (Affaires sociales, Santé et Ville).
Elle soutient des associations européennes et, en 2008, elle a été élue membre de l'Académie française.

Antoinette Fouque (1936) : psychanalyste française novatrice, opposée aux doctrines de Freud sur la sexualité féminine. Elle participa dès 1968 à plusieurs associations féminines (qui aboutirent à la création du Mouvement de libération des femmes vers 1970, sur le modèle américain du *Women's Lib* de 1967). Elle fonda les Éditions des femmes (1974) (librairies, journaux, organismes divers). En 1994, elle siégea au Parlement européen, défendant encore les intérêts des femmes et leur émancipation. Militante très engagée, ses prises de position déclenchent souvent des polémiques.

En 1956, une première association est fondée, La Maternité heureuse, par le médecin **Marie-Andrée Lagroua-Weill-Hallé** (1905-1994), désirant faire connaître les méthodes contraceptives proposées aux États-Unis (en France, la loi de 1920 interdit la contraception et l'avortement est un délit condamnable en cour d'assises). En 1960, cette association devient le Planning familial. En 1967, la loi Neuwirth autorise la contraception orale (loi appliquée en… 1972).

Et aussi

Emmeline Pankhurst (1858-1928), Britannique et militante active (souvent arrêtée), fonda en 1903 une union féminine qui revendiquait le vote des femmes (obtenu en 1928).

Carrie Chapman Catt (1859-1947), Américaine, présidente de la National American Women Suffrage Association afin de défendre le droit de vote des femmes (obtenu en 1919).

Emily Greene Balch (1867-1961), Américaine, fonda la Ligue internationale des femmes pour la paix et la liberté en 1915 et reçut le prix Nobel de la paix en 1946.

Louise Weiss (1893-1983), journaliste française, fonda la revue *L'Europe nouvelle* en 1920 puis l'association La Femme nouvelle où elle milita pour le droit de vote des femmes dès 1936 (obtenu en 1944).

Christiane Rochefort (1917-1998), femme de lettres française, participa à la création du mouvement MLF et de Choisir la cause des femmes (1971).

Benoîte Groult (1920), journaliste française, écrivaine *(Ainsi soit-elle*, 1975*)*, créatrice en 1978 de *F Magazine* (mensuel féministe), présidente de l'Association pour la féminisation des noms de métiers, publia en 1986 l'intégralité de la Déclaration des droits de la femme et de la citoyenne d'Olympe de Gouges.

Yvette Roudy (1929), traductrice du livre de Betty Friedan, ministre des Droits de la femme de 1981 à 1986, fit voter six lois pour la cause des femmes et proposa également la féminisation des noms de métiers (1986).

Régine Deforges (1935), femme de lettres française défendant l'émancipation féminine et la liberté sexuelle, première éditrice, en 1968, se spécialisa dans la littérature érotique (des publications furent interdites).

Hélène Cixous (1937), d'origine algérienne, professeure, créa le Centre d'études féminines en 1974.

Germaine Greer (1939), écrivaine, professeure et journaliste australienne, féministe controversée.

Annie Leclerc (1940-2006), Française, professeure de philosophie, collaboratrice des *Temps modernes*, militante féministe modérée, son livre *Parole de femme* en 1974 fut un succès.

Véronique Neiertz (1942), secrétaire d'État aux droits des femmes (1991-1993), fit voter des lois importantes relatives au harcèlement sexuel au travail, aux violences conjugales et aux commandos anti-IVG.

Élisabeth Badinter (1944), agrégée de philosophie française, féministe engagée, auteure de nombreux livres et essais, dénonce aussi la dérive de l'extrémisme féministe.

JOURNALISME

Hélène Lazareff (**1909-1988**) : journaliste française, elle fonda et dirigea en 1945 le journal *Elle*.

Edmonde Charles-Roux (**1920**) : femme de lettres française, infirmière et résistante pendant la guerre. Elle travailla ensuite pour le journal *Elle*, puis devint rédactrice en chef du journal *Vogue* de 1950 à 1966. Son roman *Oublier Palerme* obtint le prix Goncourt. Elle épousa le maire de Marseille, Gaston Deferre, en 1973. Elle se consacra à plusieurs biographies et devint membre de l'Académie Goncourt en 1983.

Christine Ockrent (1944) : journaliste belge, elle devint la première femme rédactrice en chef et présentatrice du journal télévisé de 20 heures d'Antenne 2, de 1981 à 1985. Elle travailla pour la radio, la presse et la télévision (éditorialiste, directrice adjointe, productrice, présentatrice d'émissions politiques, etc.). Elle écrit des biographies et des livres sur la place des femmes dans la société. Depuis 2008, elle est directrice générale de l'Audiovisuel extérieur de la France.

Oprah Winfrey (1954) : elle fut la première présentatrice afro-américaine (1976), son émission est la plus regardée aux États-Unis et elle est une des personnalités les plus influentes, contribuant notamment à une meilleure reconnaissance des homosexuels. Elle soutint vivement la campagne présidentielle de Barack Obama. Également productrice et éditrice de magazines, devenue millionnaire, elle est aussi la philanthrope la plus généreuse.

POLITIQUE FRANCE

En juin 1936, trois femmes entrèrent pour la première fois dans un gouvernement français (celui de Léon Blum). Elles furent nommées sous-secrétaires d'État : **Cécile Brunschvicg (1877-1946)** à l'Éducation nationale, **Irène Joliot-Curie (1897-1956)** à la Recherche scientifique et **Suzanne Lacore (1875-1975)** à la Protection de l'enfance.

Germaine Poinso-Chapuis (1901-1981) : avocate spécialisée dans la défense des enfants, féministe, elle fut aussi résistante, conseillère municipale, puis députée en 1945 avant d'être la première femme ministre de la Santé publique en 1947 (elle se préoccupa beaucoup de mesures sociales et de protection de l'enfance).

Édith Cresson (1934) : membre du Parti socialiste, élue députée en 1979 (Parlement européen) et députée de la Vienne (1981-1986), elle devint la première femme ministre de l'Agriculture, de 1981 à 1983, puis ministre du Commerce extérieur (1983-1986), ministre des Affaires européennes (1988-1990) avant d'être la première femme Premier ministre (et la seule à ce jour) en 1991 et 1992. Impopulaire, elle fut critiquée par des propos machistes (de la part d'hommes politiques et des médias). Nommée à la Commission européenne (1994-1999), elle fut ensuite adjointe au maire de Châtellerault (Vienne).

De nombreuses femmes politiques françaises ont été (ou sont) ministres, députées, secrétaires de parti politique, etc. Certaines d'entre elles ont été candidates aux élections présidentielles, notamment **Arlette Laguiller (1940)**, porte-parole de Lutte ouvrière de 1968 à 2008 (première femme candidate, en 1974, elle renouvela sa candidature en 1981, 1988, 1995, 2002 et 2007) et **Ségolène Royal (1953)**, la seule femme à avoir accédé au second tour (élections de 2007), pour le Parti socialiste.

POLITIQUE MONDE

Eleanor Roosevelt (1884-1962) : elle épousa Franklin Delano Roosevelt et devint en 1933 première dame des États-Unis quand son mari en fut élu le 32ᵉ président. Elle s'engagea pour défendre les droits des femmes, soutenir les aides sociales, la réforme de l'économie et la lutte pour les droits civiques des minorités ethniques. En 1945, elle participa à la création de l'ONU. Elle fut déléguée à l'assemblée générale des Nations unies.

Golda Meir, dite « la Grand-mère d'Israël » (1898-1978) : juive d'Ukraine, elle émigra avec sa famille en 1903 aux États-Unis. Elle devint militante du parti sioniste socialiste et partit en 1921 avec son mari pour un kibboutz de Palestine. En 1948, elle fit partie des personnalités qui signèrent l'Indépendance de l'État d'Israël, puis elle fut ministre du Travail de 1949 à 1956, ministre des Affaires étrangères de 1956 à 1966 et Premier ministre de 1969 à 1974 (date à laquelle elle démissionna après avoir été mise en cause dans la responsabilité de la guerre du Kippour de 1973, où plus de 3 000 Israéliens furent tués).
(À noter : il y eut plus de 9 000 morts pour les pays arabes. Ce conflit déclencha le début de la crise pétrolière.*)*

Ethel Rosenberg (1915-1953) : juive américaine communiste, elle fut accusée, avec son mari Julius, d'avoir livré des secrets atomiques aux soviétiques et condamnée à mort sans preuves.
Les époux furent exécutés sur la chaise électrique en 1953. Cette affaire eut un retentissement mondial et déclencha de nombreuses manifestations de soutien.

Indira Ghandi (1917-1984) : fille de Jawaharlal Nehru (Premier ministre de l'Inde), elle fut ministre de l'Information en 1964 (à la mort de son père) puis Premier ministre en 1966 jusqu'en 1977 (elle réclama une aide financière américaine pour combattre la famine de son pays, dirigea avec volonté et énergie en menant une politique de gauche progressiste malgré de nombreuses oppositions et annula les privilèges des maharadjahs en 1970).
Populaire, elle devint cependant très autoritaire et imposa une centralisation politique. Elle fut à nouveau Premier ministre en 1980, mais l'armée indienne massacra sous son ordre des milliers de sikhs dans un temple sacré : ce fut la cause de son assassinat par ses deux gardes du corps sikhs.

María Eva Duarte de Perón, dite « Evita » (1919-1952) : deuxième épouse en 1945 du président argentin Juan Domingo Perón, elle fut très engagée dans les œuvres sociales et créa une fondation pour les démunis (constructions d'hôpitaux), ce qui la rendit très populaire et même vénérée, alors qu'elle aida des dirigeants nazis à se cacher.

Margaret Thatcher, dite « la Dame de fer » **(1925-2013)** : licenciée en chimie, avocate, militante politique depuis 1950, elle devint députée (1959-1992), ministre de l'Éducation (1970) puis la première femme présidente du Parti conservateur (1975-1990) et Premier ministre du Royaume-Uni (1979-1990).

Anticommuniste, antisocialiste, elle conduisit une politique libérale et conservatrice qui redressa l'économie mais aggrava considérablement la pauvreté, le chômage et les inégalités sociales. En 1982, elle engagea l'armée britannique dans la guerre des Malouines (255 morts britanniques et 649 argentins) et conserva la souveraineté sur ces îles (ce conflit permit la chute de la dictature et le début de la démocratie en Argentine).

Jacqueline Kennedy, dite « Jackie » **(1929-1994)** : d'origine irlandaise, elle épousa en 1953 le sénateur John F. Kennedy (qui devint président des États-Unis en 1961), dont elle eut deux enfants.

Elle fut une première dame très admirée pour sa distinction, son élégance, son bon goût et sa culture artistique.

Après l'assassinat de son mari en 1963, elle se remaria en 1968 avec l'armateur grec Aristote Onassis et vécut en France et en Grèce. Veuve en 1975, elle devint éditrice à New York. Elle mourut d'un cancer.

Isabel Martinez de Perón (1931) : troisième épouse du président Juan Domingo Perón (1960), elle devint vice-présidente en 1973 puis la première femme présidente d'Argentine (et dans le monde) (1974-1976), nommée après le décès de son mari. Mais, influencée par son ministre, elle mena une politique répressive (censure des médias et des intellectuels, tortures et assassinats, inflation, chute des exportations, etc.). Renversée par la junte en 1976, elle fut emprisonnée, puis libérée en 1981 (exilée en Espagne).

Beate Klarsfeld (1939) : Allemande, elle devint militante du Parti social-démocrate et, avec son mari Serge, elle entreprit une longue enquête sur les anciens criminels nazis. En 1967, elle révéla le passé nazi du chancelier Kurt Georg Kiesinger et le gifla publiquement. Elle permit le jugement de nombreux anciens SS (dont Klaus Barbie en 1987) et de collaborateurs français (dont Paul Touvier, chef de la milice lyonnaise, jugé en 1994).

Elle créa avec son mari une fondation pour la mémoire de la Shoah, mais leur combat courageux attire haine et menaces.

Aung San Suu Kyi (1945) : fille d'un général qui négocia l'indépendance de la Birmanie en 1947 (et fut assassiné), elle obtint un doctorat d'économie politique en 1967 et devint secrétaire à l'ONU. Adepte de la non-violence, elle fonda en 1988 la Ligue nationale pour la démocratie en Birmanie et remporta les élections avec 80 % des suffrages, mais la junte annula les résultats et la plaça en détention surveillée.

Elle reçut plusieurs prix (dont le Nobel de la paix en 1991), mais son assignation à résidence fut chaque fois prolongée, jusqu'en 2010 où elle fut enfin libérée après de nombreuses manifestations de soutien du monde entier.

Hillary Clinton (1947) : avocate américaine, elle fit partie de la commission contre Nixon en 1974 (affaire du Watergate). Elle épousa Bill Clinton en 1975, enseigna à l'Université et s'occupa de diverses associations (soutien à l'enfance et défense des droits des femmes).
Son mari élu président en 1992, elle devint première dame des États-Unis et fit partie des conseillers de la Maison-Blanche. Première femme élue sénatrice de New York, en 2000, elle fut réélue en 2006. Candidate à l'élection présidentielle de 2008, elle obtint 47,5 % des voix, puis se rallia à la campagne de son adversaire Barack Obama. Celui-ci la nomma secrétaire d'État en 2009.

Benazir Bhutto (1953-2007) : fille du président pakistanais Ali Bhutto, elle devint Premier ministre en 1988 (puis de 1993 à 1996) et fut ainsi la première femme dirigeante d'un pays musulman, désirant apporter la démocratie et la modernité et dénonçant l'extrémisme islamiste. Elle fut assassinée pendant la campagne des élections où elle représentait le Parti du peuple pakistanais. Son décès déclencha de nombreuses émeutes dans le pays et un deuil national.

Condoleezza Rice (1954), deuxième femme à avoir été nommée secrétaire d'État des États-Unis (2005-2009) – après **Madeleine Albright** (1937), nommée en 1997 –, elle fut la première Afro-Américaine à ce poste.

Angela Merkel (1954) : après un doctorat de physique en 1986, elle s'impliqua en politique en Allemagne dès 1989, devint ministre des Femmes (1991-1994) puis ministre de l'Environnement (1994-1998). Présidente de la CDU (Union chrétienne-démocrate) en 2000, elle est depuis 2005 la première femme chancelier fédéral d'Allemagne.

Chefs d'État

Vigdís Finnbogadóttir (1930) : élue en 1980 présidente de la République d'Islande, elle fut la première femme chef d'État (quatre mandats successifs jusqu'en 1996).
Vingt-six femmes ont été chefs d'État dans le monde après elle : douze sont actuellement présidentes (Argentine, Brésil, Costa Rica, Croatie, Finlande, Inde, Irlande, Kirghizistan, Liberia, Lituanie, Slovaquie, Suisse), trois sont gouverneures générales (Antigua-et-Barbuda, Australie, Sainte-Lucie), deux sont présidentes en exil (Biélorussie, Iran), une femme est chancelière fédérale (Allemagne).
Plus de quarante femmes ont occupé le poste de Premier ministre, et elles sont cinq actuellement dans le monde.

HÉROÏNES DE GUERRE

Edith Cavell (1865-1915) : infirmière britannique, elle travailla en Belgique pendant la Première Guerre mondiale, soignant les blessés et les aidant à s'enfuir vers les Pays-Bas. Arrêtée en 1915, elle fut jugée et fusillée par les Allemands.

Edith Cavell

Gabrielle Petit (1893-1916) : infirmière belge, elle devint espionne pour les Alliés en 1915 mais fut arrêtée par la police allemande, condamnée à mort puis fusillée.

Berty Albrecht (1893-1943) : infirmière franco-suisse, féministe, elle s'engagea dans la Résistance en 1940, participa à la création de plusieurs journaux clandestins dont *Combat* et s'occupa du service social (aide aux familles résistantes). Arrêtée en 1943 par la Gestapo, elle mourut en prison en se suicidant par pendaison.

Marguerite Soubeyran (1894-1980) : Française, elle créa dans la Drôme une école pour enfants en difficulté et y cacha de nombreux enfants juifs durant la guerre, dès 1942. Elle fit partie des Justes.

Émilienne Moreau (1898-1971) : issue d'une famille de mineurs du nord de la France, en 1915 à 17 ans elle aida l'armée britannique dans les combats contre les Allemands (elle fut la première femme décorée de la Croix de guerre). En 1940, elle entra dans la Résistance et manqua d'être arrêtée plusieurs fois avant de réussir à rejoindre Londres en 1944.

Lise Villameur (1905-2004) : Mauricienne, elle devint agent de liaison en France pour les services secrets britanniques à partir de 1942, puis organisa des parachutages d'armes en 1943 et 1944, transmettant de nombreux messages aux chefs des maquis.

Germaine Tillion (1907-2008) : ethnologue française, chef de réseau de la Résistance, elle fut arrêtée en 1942. Déportée, elle put échapper à la mort. En 1954, elle créa des centres sociaux en Algérie et s'engagea contre la torture et pour l'émancipation des femmes.

Danielle Casanova (1909-1943) : Française, elle dirigea le groupement des Jeunesses communistes et entra dans la Résistance dès 1939 en participant à la presse clandestine. Arrêtée en 1942, elle fut déportée en 1943 et décéda peu après du typhus.

Marie-Madeleine Fourcade (1909-1989) : une des rares femmes françaises chef de réseau dès 1941, arrêtée en 1942, elle réussit à s'évader et à rejoindre Londres et les services secrets de renseignements. De retour en France en 1943, elle fut à nouveau arrêtée et s'évada encore.

Madeleine Barot (1909-1995) : protestante française, elle fut secrétaire en 1939 d'une association d'accueil pour les réfugiés, la Cimade – fondée par **Suzanne de Dietrich** (1891-1981) –, et permit à de très nombreux enfants juifs (cachés dans des familles de Haute-Loire) d'échapper à la déportation et de s'évader vers la Suisse. Elle fit partie des Justes.

Marie-Claude Vaillant-Couturier (1912-1996) : reporter-photographe française, communiste, elle fut responsable photo à *L'Humanité* et devint résistante en 1939 (tracts, transport d'explosifs, etc.). Arrêtée en 1942, elle fut déportée, puis libérée en 1945. Elle devint ensuite députée PCF et vice-présidente de l'Assemblée nationale.

Lucie Aubrac (1912-2007) : professeure de lettres, Française, elle fit évader son mari, prisonnier, en 1940 et ils entrèrent en Résistance en 1941 (tracts, sabotages, etc.). En 1943, son mari fut arrêté par la police lyonnaise et elle réussit à le libérer ainsi que ses camarades, mais il fut à nouveau pris par la Gestapo (avec Jean Moulin).
Elle organisa sa libération ainsi que celle de 14 autres résistants. Ils rejoignirent tous deux Londres en 1944. À la Libération, elle continua ses engagements pour le communisme, le féminisme et le pacifisme.

Anne Frank (1929-1945) : juive allemande réfugiée aux Pays-Bas en 1933, elle écrivit un *Journal* de 1942 à 1944, racontant sa vie en clandestinité avec sa famille. Dénoncés, ils furent arrêtés et déportés, et elle mourut du typhus au camp de Bergen-Belsen. Seul survivant, son père fit publier en 1947 le journal d'Anne, qui devint un immense succès mondial (et fut adapté au cinéma, à l'opéra, au théâtre et à la télévision).

LES MÈRES DE LA PLACE DE MAI

C'est une association de mères argentines se réunissant chaque semaine, depuis **1977**, sur la place de Mai à Buenos Aires pour marcher pacifiquement en signe de protestation afin de défier le pouvoir, leurs enfants ayant été enlevés, torturés et assassinés par la dictature militaire (1976-1983). Il y aurait plus de 30 000 « disparus »…

MILITANTES ANTIRACISME

Rosa Parks (née Rosa Louise McCauley) (1913-2005) : Afro-Américaine, militante du mouvement des droits civiques américains dès 1943, elle devint célèbre pour avoir refusé de céder sa place à un Blanc dans un autobus, en 1955 : elle fut arrêtée et inculpée pour trouble à l'ordre public. En conséquence, Martin Luther King et ses amis organisèrent des manifestations non violentes et le boycott des bus de Montgomery (pendant plus d'un an) en réclamant une modification de la loi de ségrégation. Celle-ci fut abolie dans les bus, mais la violence resta extrême contre les Noirs (incendies d'églises, attentats…). Rosa Parks est un symbole de la liberté raciale.

Shirley Chisholm (1924-2005) : première femme afro-américaine élue au Congrès des États-Unis en 1968, elle fut également la première Afro-Américaine candidate aux élections présidentielles, en 1972.

Viola Liuzzo (1925-1965) : militante blanche défendant les droits des Noirs, elle participa à plusieurs manifestations de soutien en Alabama, en 1965, et fut assassinée par le Ku Klux Klan.

Dulcie September (1935-1988) : représentant en France le parti sud-africain anti-apartheid (ANC), elle enquêtait sur des trafics d'armes (réseaux clandestins de la France vers l'Afrique) quand elle fut assassinée. L'affaire fut très vite classée sans suite…

Angela Davis (1944) : militante afro-américaine, communiste, professeure de philosophie, elle s'engagea contre la guerre au Vietnam. Elle défend les droits de l'homme, combat le racisme (elle fit partie du mouvement des Black Panthers) et le sexisme (elle est directrice du département d'études féministes à l'université de Californie).

RÉVOLUTIONNAIRES

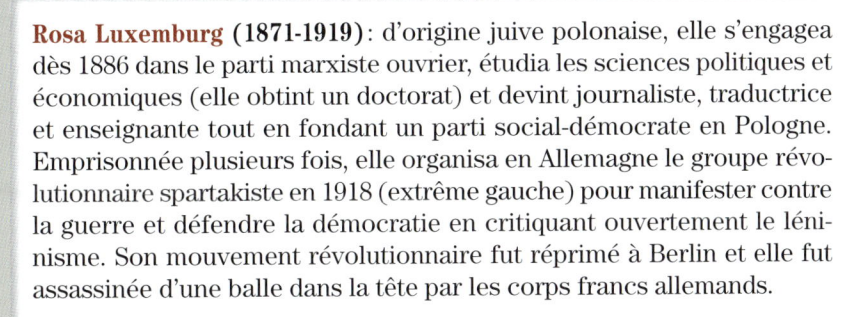

Rosa Luxemburg (1871-1919) : d'origine juive polonaise, elle s'engagea dès 1886 dans le parti marxiste ouvrier, étudia les sciences politiques et économiques (elle obtint un doctorat) et devint journaliste, traductrice et enseignante tout en fondant un parti social-démocrate en Pologne. Emprisonnée plusieurs fois, elle organisa en Allemagne le groupe révolutionnaire spartakiste en 1918 (extrême gauche) pour manifester contre la guerre et défendre la démocratie en critiquant ouvertement le léninisme. Son mouvement révolutionnaire fut réprimé à Berlin et elle fut assassinée d'une balle dans la tête par les corps francs allemands.

Fanny Kaplan (1880-1918) : militante du Parti social-révolutionnaire russe (S-R), elle tenta en 1918 d'assassiner Lénine avec un revolver, mais il fut seulement blessé. Arrêtée, non jugée, elle fut immédiatement exécutée.

Dolorès Ibárruri, dite « la Pasionaria » (1895-1989) : militante socialiste et féministe espagnole, elle écrivit des articles politiques. Elle participa à la création du parti communiste espagnol en 1921 et fut responsable du journal du parti. Elle devint le symbole de la lutte antifasciste lors de la guerre civile espagnole de 1936 à 1939.
Elle fut présidente du parti communiste espagnol en 1960.

Phoolan Devi (1963-2001) : esclave battue et violée dès l'âge de 11 ans dans un petit village de l'Inde, elle se révolta, réussit à s'enfuir et devint le chef vengeur d'une bande de brigands. Elle se rendit en 1983 et passa onze ans en prison. Adulée par le peuple qui vit en elle une réincarnation d'une divinité, elle fut détestée par la haute caste. En 1996, elle devint députée socialiste, mais fut assassinée en pleine rue cinq ans plus tard.

CRIMINELLES, DICTATEURS, ESPIONNES

Henriette Caillaux (1874-1943) : Française, elle fut l'épouse de Joseph Caillaux, ministre des Finances (gouvernement Doumergue). Pour défendre son mari accusé de malversations, elle tua le journaliste Gaston Calmette (directeur du *Figaro*) en 1914. Le procès fit grand bruit et elle fut acquittée.

Mata Hari (née Margaretha Zelle) (1876-1917) : Néerlandaise, elle triompha sur les scènes parisiennes et européennes en 1905 dans un numéro de danseuse exotique et érotique, collectionnant les amants comme les bijoux et s'inventant un passé original. Elle aurait été agent double en 1916. Jugée sommairement, accusée d'espionnage au service de l'Allemagne, bouc émissaire idéal pour la France, elle fut exécutée (fusillée).

Marie Besnard, dite « la Bonne Dame de Loudun » (1896-1980) : Française soupçonnée d'avoir empoisonné à l'arsenic 12 personnes (dont son mari) de 1927 à 1947, elle fut inculpée en 1949 et acquittée en 1961, faute de preuves et au bout de trois procès. Mais le doute demeure et l'énigme reste non élucidée.

Bonnie Parker (1910-1934) volait des voitures et attaquait des banques avec son compagnon Clyde Barrow à partir de 1930, en Louisiane et au Texas. Accusés d'avoir tué une douzaine de personnes, ils furent poursuivis et abattus (mitraillés) dans leur voiture. Ils entrèrent dans la légende des criminels célèbres et inspirèrent de nombreux films et chansons.

Violette Nozière (1915-1966) : Française de 18 ans accusée d'avoir tué ses parents par empoisonnement en 1933, elle déclara pour sa défense que son père abusait d'elle. L'affaire eut un grand retentissement dans la presse et devint même une affaire politique. Les intellectuels et artistes prirent parti aussi. Elle fut condamnée à mort en 1934, puis graciée et condamnée aux travaux forcés. Elle fut libérée en 1945 et réhabilitée en 1963.

Elena Ceausescu (1916-1989) : épouse (1947) du président roumain Nicolae Ceausescu, qui la nomma vice-Premier ministre, elle se fit octroyer de faux diplômes scientifiques prestigieux et fut la complice de son mari dans leur politique totalitaire des années 1970 à 1980 : censure de la presse et des intellectuels, surveillance policière, appauvrissement de la population, lois natalistes augmentent l'abandon des enfants dans des orphelinats sans hygiène ni éducation, refus de soigner les malades du sida... En 1989, la rébellion populaire (plus de 1 000 morts) déclencha la chute du communisme. Le couple présidentiel fut arrêté, jugé sommairement, accusé de génocide et fusillé.

Imelda Marcos (1929) : épouse en 1953 du futur président des Philippines (1965), elle fut nommée par celui-ci gouverneure, ambassadrice et ministre. Complices, ils détournèrent à leur profit des milliards de dollars. Renversés par la révolution populaire en 1986, ils durent s'exiler. Elle fut condamnée pour corruption en 1995.

Patricia Hearst (1954) : riche étudiante américaine enlevée à 19 ans en 1974 par un groupe terroriste d'extrême gauche exigeant en rançon de la nourriture pour les pauvres de Los Angeles, elle devint leur complice et participa à plusieurs attaques de banque, fut arrêtée par le FBI, puis condamnée à la prison.

RELIGION

Edith Stein (1891-1942) : philosophe allemande d'origine juive, elle fut une militante féministe, pacifiste, européenne. Elle s'engagea dans la foi catholique en 1921 et devint religieuse enseignante l'année suivante, écrivit et traduisit des livres, donna des conférences.
Elle entra au Carmel en 1933. Arrêtée en 1942, elle fut déportée et gazée à Auschwitz. Elle fut béatifiée en 1987, canonisée en 1998, désignée comme sainte co-patronne de l'Europe en 1999.

Sœur Emmanuelle, dite « la petite sœur des pauvres » (née Madeleine Cinquin) **(1908-2008)** : Franco-Belge, elle devint religieuse en 1931 et enseignante (Turquie, Tunisie, puis Égypte). Elle vécut en 1971 dans les bidonvilles du Caire et, grâce à des dons d'argent et à son livre *Chiffonnière avec les chiffonniers*, put faire construire des écoles et des centres de soin pour une meilleure hygiène et une meilleure prévention. Elle encouragea aussi l'autonomie des femmes. Dans les années 1980, elle poursuivit inlassablement sa mission de secours aux plus démunis et créa une association d'aide humanitaire. Elle quitta l'Égypte en 1993 et, de retour en France, écrivit des livres et participa à des émissions médiatiques afin de mobiliser l'attention de tous sur l'exclusion et la pauvreté : sa simplicité, sa franchise, son humanité et son humour furent appréciés, elle devint très populaire et aimée.

Pauli Murray (1910-1985) : elle fut la première Afro-Américaine prêtre (église épiscopale) en 1977. Également avocate, écrivaine, engagée contre la discrimination raciale, elle soutint la cause féministe et particulièrement les droits juridiques des femmes.

Mère Teresa, dite « la Sainte de Calcutta » (née Agnes Gonxha Bajaxhiu) **(1910-1997)** : Albanaise, elle fut missionnaire en Inde et devint religieuse en 1929. Elle enseigna à Calcutta de 1931 à 1937 tout en prenant soin des exclus dans les bidonvilles. En 1948, elle vécut avec les plus pauvres (école aux enfants dans la rue, soins et leçons d'hygiène). Elle créa en 1950 la congrégation des Missionnaires de la charité et une maison pour accueillir les mourants (refusés à l'hôpital), un orphelinat en 1955 et un système de soins pour lépreux (exclus de tous). En 1960, de nombreux laïcs la soutinrent financièrement et elle se fit connaître médiatiquement afin de pouvoir fonder d'autres missions dans le pays, puis en Amérique latine à partir de 1965, au Bangladesh, au Yémen en 1973. Son œuvre fut mondialement reconnue : elle reçut le prix Nobel de la paix en 1979 et créa en tout plus de 600 missions, dans plus de 100 pays. Mais sa santé devint fragile et elle décéda d'une tumeur à l'estomac. Elle fut béatifiée en 2003.

À noter

Plusieurs femmes ont été ordonnées diacres, prêtres ou évêques dans l'Église anglicane, qui compte environ 200 femmes prêtres dans le monde depuis 1974. **Katharine Jefferts Schori** fut la première femme évêque aux États-Unis (2006).

En France, dans l'Église réformée, 30 % des pasteurs sont des femmes. **Madeleine Blocher** fut la première femme pasteur baptiste en France (1929), de même que **Berthe Bertsch** pour l'Église réformée (1930).

Plus de 200 femmes sont rabbins dans l'Église judaïque mondiale. **Regina Jones** fut la première femme rabbin, en 1935, et **Pauline Bebe** la première femme rabbin en France (1990).

Le bouddhisme est favorable à l'ordination des femmes, certaines sont nonnes. **Khandro Rinpoché** est directrice d'un monastère tibétain en Inde.

Des femmes sont prêtresses dans le culte shintoïste (Japon).

L'Église catholique, l'Église orthodoxe et le culte musulman rejettent l'ordination des femmes.

PRIX NOBEL DE LA PAIX

Bertha von Suttner (1843-1914), pacifiste autrichienne. Primée en 1905.

Jane Addams (1860-1935) : pacifiste et féministe, elle créa l'Aide sociale publique aux États-Unis. Primée en 1931.

Emily Greene Balch (1867-1961), féministe et pacifiste américaine. Primée en 1946.

Betty Williams (1943) et **Mairead Corrigan** (1944) : pacifistes irlandaises, elles furent à l'origine du Mouvement des femmes pour la paix, à Belfast. Primées en 1976.

Mère Teresa (1910-1997), primée en 1979 (voir ci-dessus).

Alva Reimer Myrdal (1902-1986), diplomate suédoise qui négocia pour le désarmement. Primée en 1982.

Aung San Suu Kyi (1945), femme politique opposée à la dictature en Birmanie. Primée en 1991 (voir p. 71).

Rigoberta Menchú (1959), défend le peuple indien guatémaltèque. Primée en 1992.

Jody Williams (1950), Américaine militant pour l'interdiction des mines antipersonnel. Primée en 1997.

Shirin Ebadi (1947), avocate défendant les droits des femmes et des enfants en Iran. Primée en 2003.

Wangari Muta Maathai (1940-2011), biologiste et militante écologiste kényane. Primée en 2004.

Ellen Johnson Sirleaf (1938), présidente du Liberia, **Leymah Gbowee** (1972), Libérienne, **Tawakkul Karman (1979)**, Yéménite (l'une des plus jeunes prix Nobel de la paix). Primées conjointement en 2011 pour leur lutte non violente pour la sécurité et les droits des femmes.

ROYAUTÉ

Belgique :
Fabiola de Mora y Aragón (1928) : d'origine espagnole, elle épousa Baudouin Ier de Belgique et devint reine consort en 1960 (veuve en 1993). Elle s'occupa beaucoup de l'aide sociale et humanitaire et soutint les artistes.

Paola Ruffo di Calabria (1937) : Italienne, elle épousa le prince Albert de Belgique en 1959 et devint reine consort en 1993. Réputée pour son élégance, sa passion pour la botanique et son mécénat pour l'art contemporain, elle soutient l'aide sociale et pédagogique et les droits de l'enfant (notamment la lutte contre la pédophilie). Son fils Philippe (1960) est devenu le 7e roi des Belges en juillet 2013.

Danemark
Margrethe II (1940) : reine en 1972 à la mort de son père, le roi Frédéric IX, elle est très populaire. C'est une artiste, qui illustra l'édition danoise du célèbre *Seigneur des anneaux*, de l'écrivain anglais J. R. R. Tolkien, avec qui elle correspondit. Son fils Frederik (1968) est le prince héritier.

Espagne
Sofia de Grèce (1938) : fille du roi Paul Ier de Grèce, elle épousa le prince Juan Carlos d'Espagne en 1962 et devint reine consort en 1975. Après la dictature du général Franco, elle contribua avec son mari au retour de la démocratie. Leur fils Felipe (1968) est le prince héritier.

Jordanie

Rania al-Yassin (1970) : Palestinienne, elle épousa Abdullah II en 1993 et devint reine consort en 1999 (plus jeune reine du monde). Elle s'engage pour plusieurs causes (économie, paix, défense des enfants victimes). Son fils Hussein (1994) est le prince héritier.

Maroc

Lalla Salma (1978) : princesse consort marocaine, elle épousa le roi Mohammed VI en 2002.
Leur fils Moulay Hassan (2003) est le prince héritier.

Norvège

Sonja Haraldsen (1937) épousa Harald V en 1968 et devint reine consort en 1991. Elle a été vice-présidente de la Croix-Rouge. Elle encourage l'art contemporain. Son fils Haakon Magnus (1973) est le prince héritier.

Pays-Bas

Beatrix d'Orange-Nassau (1938) : reine depuis 1980, elle est la fille de la reine **Juliana** (1909-2004), qui abdiqua en sa faveur (après avoir régné depuis 1948), et la petite-fille de la reine **Wilhelmine** (1880-1962), qui régna de 1890 à 1948. Elle est engagée dans plusieurs œuvres sociales. Elle est veuve depuis 2002 et son fils Willem-Alexander (1967) est le roi des Pays-Bas depuis avril 2013.

Royaume-Uni

Élisabeth II (1926) : désignée princesse héritière britannique en 1937 lors du couronnement de son père, elle fut durant la Seconde Guerre mondiale mécanicienne et conductrice d'ambulances et de camions militaires pour l'armée britannique. Elle épousa Philip Mountbatten en 1947, dont elle eut deux enfants (Charles, prince de Galles, en 1948, prince héritier depuis 1952 ; la princesse Anne en 1950).
Après la mort du roi George VI en 1952, elle fut couronnée reine en 1953 (du Royaume-Uni et des 16 autres États du Commonwealth). Les deux autres fils du couple, les princes Andrew et Edward, naquirent en 1960 et 1964. Elle fait partie des souverains au règne le plus long (plus de soixante ans) et, malgré peu de réels pouvoirs politiques, elle est une des femmes les plus puissantes du monde.

Diana Spencer (1961-1997) épousa le prince Charles en 1981 puis divorça en 1996. Surnommée « Lady Di » ou « la Princesse du peuple », elle fut particulièrement aimée et admirée, éclipsant toute la famille royale. Elle était très impliquée dans les œuvres caritatives (malades du sida, enfants mutilés par les mines antipersonnel).
L'annonce de son décès accidentel (à Paris) déclencha une immense émotion dans le monde entier. Son fils William (1982) est le second prince héritier, après le prince Charles.

Suède

Silvia Sommerlath (1943) : d'origine allemande, elle devint reine consort en 1976 en épousant le roi Charles XVI Gustave. Auparavant interprète, elle parle six langues ainsi que la langue des signes. Très populaire, elle soutient des œuvres humanitaires au profit de l'enfance, des adolescents et des handicapés. Sa fille **Victoria (1977)** est la princesse héritière.

À noter

Sirikit Kitiyakara (1932) : reine consort de Thaïlande depuis 1950, elle est impliquée dans l'aide aux réfugiés cambodgiens, l'éducation des enfants, la vie des femmes en zone rurale et la protection de l'environnement. Son fils Vajiralongkorn (1952) est le prince héritier.

Michiko Shoda (1934) : impératrice consort du Japon depuis 1989 (elle épousa l'empereur en 1959), elle est présidente d'honneur de la Croix-Rouge japonaise et dirige une ferme d'élevage de vers à soie. Elle compose des poèmes et en traduit. Son fils Naruhito (1960) est le prince héritier.

Farah Pahlavi (1938) : troisième et dernière épouse du shah d'Iran (1959), impératrice (1967), exilée depuis 1979 lors de la chute de la monarchie, elle devint veuve en 1980. Son fils Reza (1960) est le prince héritier en exil.

María Teresa Mestre (1956) : grande-duchesse consort de Luxembourg depuis 2000 (épouse du grand-duc Henri en 1981), elle est impliquée dans de nombreuses œuvres caritatives au profit de l'aide sociale et humanitaire, l'enfance défavorisée, les handicapés, l'insertion féminine, la lutte contre la toxicomanie… Son fils Guillaume (1981) est le prince héritier.

SCIENCES

Marie Curie (Maria Sklodowska) **(1867-1934)** : Polonaise, elle étudia à la faculté des sciences de Paris et fut reçue première à la licence de physique en 1893 et première à l'agrégation de physique en 1896. Avec son mari Pierre Curie, elle entreprit les premières recherches sur la radioactivité et découvrit les atomes de polonium et de radium. Elle fut la première femme (et unique à ce jour) à recevoir deux prix Nobel (physique en 1903, chimie en 1911), et aussi la première à devenir professeure à la Sorbonne (en 1906).

Elle fonda à Paris, en 1914, l'Institut du radium (qui aujourd'hui porte son nom) afin d'y soigner les cancers et mit au point une installation de radiologie mobile pour les blessés par obus de la Première Guerre mondiale. Mais, ses recherches l'ayant fréquemment exposée à des radiations, elle mourut d'une leucémie.

Sa fille **Irène Joliot-Curie (1897-1956)** obtint elle aussi le prix Nobel de chimie, en 1935, par ses recherches sur la radioactivité artificielle, et participa à la création du Commissariat à l'énergie atomique en 1946. Elle mourut elle aussi d'une leucémie.

Lise Meitner (1878-1968) : physicienne juive autrichienne, elle obtint un doctorat de physique en 1906 et commença de longues recherches sur la radioactivité et la physique nucléaire. En 1938, elle quitta l'Allemagne nazie et s'installa en Suède où elle découvrit, avec son neveu physicien, la fission de l'uranium en 1939, mais refusa de s'engager dans la suite du projet (fabrication d'une bombe). Elle aurait dû recevoir le prix Nobel pour sa découverte, mais le comité était trop misogyne…

Rachel Carson (1907-1964) : zoologiste et biologiste marine américaine, elle fut une pionnière de l'écologie et de la protection de l'environnement dès 1950. Ses livres eurent un grand retentissement aux États-Unis (notamment *Printemps silencieux*) et ils contribuèrent à modifier certaines lois sur l'utilisation des pesticides, malgré de violentes critiques et oppositions des mouvements conservateurs.

Dian Fossey (1932-1985) : Américaine, elle se spécialisa dès 1963 dans l'étude et la protection des gorilles au Rwanda et fut reconnue comme une des plus grandes primatologues. Docteure en zoologie, elle fut professeure d'université de 1981 à 1983. Son livre *Gorilles dans la brume* remporta un grand succès et fut adapté au cinéma avec Sigourney Weaver dans son propre rôle (1988). On la retrouva assassinée dans sa hutte africaine, sans jamais appréhender les criminels.

Jane Goodall (1934) : primatologue britannique, assistante en 1960 du Dr Leakey, paléontologue, au Muséum d'histoire naturelle de Nairobi (Kenya), elle vécut en Tanzanie afin d'étudier la vie des chimpanzés et y fit des découvertes importantes. Elle fonda en Californie, en 1977, un institut (qui porte son nom) pour la protection des chimpanzés, la création de réserves naturelles et la préservation de l'environnement.
Elle fut nommée « messager de la paix » des Nations unies en 2002 et reçut de très nombreuses distinctions.

Valentina Terechkova (1937) : Soviétique, elle fut la première femme cosmonaute, en 1963, effectuant un vol spatial (en solitaire) de presque trois jours – 48 orbites autour de la Terre – à bord du vaisseau *Vostok 6*.

Claudie Haigneré (1957), née Claudie André-Deshays : médecin rhumatologue française, elle participa aux recherches en médecine spatiale à Paris et fut la première spationaute française, à bord de la station orbitale russe Mir (seize jours dans l'espace en 1996 pour une mission franco-russe). Elle devint ingénieur et astronaute-sauveteur en 1998 (vaisseau *Soyouz*) à la Cité des étoiles (Moscou). Elle rejoignit l'Agence spatiale européenne en 1999 (Paris et Allemagne) puis fut la première Française à bord de la Station spatiale internationale en 2001, pour y effectuer diverses recherches scientifiques. Ministre entre 2002 et 2005, elle est actuellement présidente de la Cité des sciences à Paris.

À noter

57 femmes ont préparé une formation de spationaute : 45 Américaines, 4 Soviétiques, 2 Canadiennes, 2 Japonaises, 1 Britannique, 1 Coréenne, 1 Française, 1 Iranienne. Deux n'effectuèrent pas de vol dans l'espace : une Soviétique (une autre ayant été choisie à sa place) et une Américaine, pilote, qui se tua en avion.

Cinq spationautes américaines sont décédées lors de missions.

En 1984, une Soviétique et une Américaine effectuèrent les premières sorties orbitales.

Une institutrice américaine (**Christa McAuliffe**) fut sélectionnée pour une mission en 1986 (observation de la comète de Halley) mais tuée lors de l'explosion de la navette Challenger (une minute après le décollage).

En 1995, une Américaine (colonel de l'US Air Force) fut la première femme à piloter une navette spatiale, puis la première à devenir commandant de bord, en 1999, pour une mission de navette.

En 1995, une Soviétique fut la première femme à avoir effectué un vol de longue durée (cinq mois).

En 2007, une Américaine remporta trois records : plus long séjour dans l'espace (188 jours), plus grand nombre de sorties dans l'espace (4) et plus long temps passé en sorties spatiales (29 heures).

Et aussi

Annie Jump Cannon (1863-1941) : astronome américaine, elle créa une classification de près de 600 000 étoiles avec un système de code et fut la première femme docteure en astronomie (1921).

Emmy Noether (1882-1935) : mathématicienne juive allemande, elle obtint sa thèse en 1907 et fut professeure d'université (souvent sans salaire…). Elle écrivit des livres d'algèbre et un théorème porte son nom. Elle fait partie des plus grands mathématiciens.

Marie-Louise Paris (1889-1969) : première femme ingénieure en France (1922), elle créa l'École polytechnique féminine en 1925.

Mary Cartwright (1900-1998) : Britannique, elle fut enseignante-chercheuse en mathématiques (un théorème porte son nom).

Margaret Burbidge (1919) : Britannique, elle fit des recherches sur les galaxies et fut la première femme nommée à la direction de l'observatoire royal de Greenwich, en 1972, et la première femme présidente de la Société américaine d'astronomie, en 1976. Elle est toujours chercheuse-enseignante.

Grace Hopper (1906-1992) : enseignante américaine et docteur en mathématiques, elle s'engagea dans la marine et y devint informaticienne. Elle créa les premiers langages de programmation pour ordinateurs.

Erna Hamburger (1911-1988) : Suisse, ingénieure en électricité, docteure en sciences techniques, elle collabora à la recherche industrielle (circuits électroniques) et fut chef des troupes de transmission pendant la guerre.

Mary Leakey (1913-1996) : paléontologue et archéologue britannique, elle découvrit des australopithèques.

Julia Robinson (1919-1985) : mathématicienne américaine, elle fut la première femme élue à l'Académie nationale des sciences en 1976 et la première femme présidente de la Société américaine de mathématiques.

Yvonne Choquet-Bruhat (1923) : Française, elle fut reçue première à l'agrégation de mathématiques en 1946, et devint enseignante à l'École normale supérieure et assistante au CNRS (ses recherches sont utilisées dans les détecteurs d'ondes gravitationnelles). Elle fut la première femme élue à l'Académie des sciences, en 1979.

Jocelyn Bell (1943) : astrophysicienne britannique, elle découvrit le premier pulsar (étoile à neutrons) en 1967.

Biruté Galdikas (1946) : éthologue et primatologue canadienne d'origine lituanienne, elle est une des plus grandes spécialistes du comportement et de la protection des orangs-outans…

PRIX NOBEL DES SCIENCES

Gerty Theresa Cori (1896-1957), Américaine d'origine austro-hongroise, prix Nobel de médecine en 1947 (pour ses recherches sur la glycémie).

Maria Goeppert-Mayer (1906-1972), Américaine d'origine allemande, prix Nobel de physique en 1963 (pour ses études sur la structure des noyaux atomiques).

Dorothy Crowfoot Hodgkin (1910-1994), Britannique, prix Nobel de chimie en 1964 (pour sa découverte par rayons X de la structure du cholestérol, de la pénicilline, de la vitamine B12 et de l'insuline).

Rosalyn Yalow (1921-2011), Américaine, prix Nobel de médecine en 1977 (pour ses recherches sur le système hormonal).

Barbara McClintock (1902-1992), généticienne américaine, prix Nobel de médecine en 1983 (pour ses recherches sur la structure de l'ADN et la découverte des caractères du génome).

Rita Levi-Montalcini (1909), Italienne, prix Nobel de médecine en 1986 (pour ses recherches en neurologie).

Gertrude Elion (1918-1999), biochimiste américaine, prix Nobel de médecine en 1988 (pour ses recherches sur l'élaboration de nouveaux médicaments).

Christiane Nüsslein-Volhard (1942), généticienne allemande, prix Nobel de médecine en 1995 (pour ses recherches sur les chromosomes).

Linda B. Buck (1947), biologiste américaine, prix Nobel de médecine en 2004 (pour ses recherches sur le système olfactif).

Françoise Barré-Sinoussi (1947), chercheuse française en virologie, prix Nobel de médecine en 2008 (pour sa découverte du virus VIH).

Elizabeth Blackburn (1948), Américaine d'origine australienne, prix Nobel de médecine en 2009 avec **Carol Greider** (1961), Américaine (pour leurs découvertes pouvant améliorer les traitements des cancers).

Ada Yonath (1939), biologiste israélienne, prix Nobel de chimie en 2009 (pour ses recherches sur la structure du ribosome).

SPORTS

Alpinisme et escalade

Catherine Destivelle (1960) : Française, elle fait partie des meilleures grimpeuses mondiales et a vaincu plusieurs grands sommets mythiques lors de courses en solitaire, dont la face nord de l'Eiger (Alpes suisses) en 1992 : elle est la seule femme à avoir réussi cet exploit, ainsi que la seule femme à avoir vaincu les Grandes Jorasses et le Cervin en solitaire. Elle est une grande référence en alpinisme.

Lynn Hill (1961) : Américaine et championne du monde en 1991, elle a remporté de nombreuses victoires en compétitions d'escalade de 1987 à 1993 et réalisé une quinzaine de voies de difficulté majeure (premières féminines). Elle est une des figures emblématiques de l'escalade.

Athlétisme

Micheline Ostermeyer (1922-2001) fut la première championne olympique française, aux JO de Londres en 1948 (deux médailles d'or aux lancers de poids et de disque) ; **Colette Besson (1946-2005)** fut la deuxième (une médaille d'or du 400 m aux JO de Mexico en 1968).

Wilma Rudolph (1940-1994) : elle fut la première championne afro-américaine, triple médaillée d'or aux Jeux olympiques de Rome en 1960 pour le 100 m, le 200 m et le relais 4 x 100 m.
Pourtant, ancienne handicapée à cause de la poliomyélite, elle ne put marcher normalement qu'à l'âge de 11 ans...

Marie-José Pérec, dite « la Gazelle » **(1968)** : elle est la seule Française (Guadeloupéenne) à être triple championne olympique (médaille d'or du 400 m aux JO de Barcelone en 1992 et double médaille d'or, du 200 m et du 400 m, aux JO d'Atlanta en 1996). Elle détient aussi de très nombreux records.

De nombreuses femmes de toutes nationalités ont remporté des médailles d'or dans plus de 20 disciplines d'athlétisme lors des Jeux olympiques depuis 1928. Les quatre premières médaillées étaient une Allemande pour le 800 m, une Américaine pour le 100 m, une Canadienne pour le saut en hauteur et une Polonaise pour le lancer de disque.

Aviation

Maryse Bastié (1898-1952) : Française, elle reçut son brevet de pilote en 1925 et remporta le record féminin de durée de vol (trente-huit heures) en 1930, le record de la traversée en solitaire de l'Atlantique Sud (douze heures) en 1936, et encore une dizaine de performances (distance, durée). Engagée féministe dès 1934, elle fut aussi résistante. Elle se tua lors d'un meeting aérien.

Maryse Hilsz (1903-1946) : parachutiste française dès 1924 (plus de 110 sauts), elle devint pilote en 1930. Elle remporta de nombreux prix

de 1931 à 1937 (records de distance et de vitesse), dont le record mondial d'altitude (14 310 m) en 1936 (exploit féminin inégalé à ce jour).
Elle s'engagea dans la Résistance en 1941 et devint la première femme pilote militaire (sous-lieutenant) dans l'armée de l'air, mais son avion s'écrasa lors d'une mission.

Hélène Boucher (1908-1934) : Française, féministe engagée, elle obtint son brevet de pilote en 1932, puis devint acrobate aérienne et remporta en 1933 le premier record d'altitude ainsi que plusieurs records de vitesse. Elle se tua trois mois plus tard, au cours d'un vol d'entraînement.

Et aussi

Élise Deroche (1882-1919) : Française, première femme au monde à recevoir son brevet de pilote, en 1910.

Bessie Coleman (1892-1926) : première Afro-Américaine devenue pilote, en 1921 (en France, car elle fut refusée aux États-Unis), elle présentait des shows aériens avec succès mais fit une chute mortelle en vol d'essai.

Adrienne Bolland (1895-1975) : Française, elle fut la première femme à franchir la cordillère des Andes, en 1921, et remporta le record féminin de loopings en 1924.

Amelia Earhart (1897-1937) : Américaine, première femme à traverser l'Atlantique, en 1932 (cinq ans après Charles Lindbergh), elle disparut mystérieusement en mer alors qu'elle tentait un tour du monde.

Jacqueline Cochran (1906-1980) : Américaine, elle fut la première à franchir le mur du son, en 1953. Elle est la personne qui détient les plus grands records (distance et vitesse).

Tiny Broadwick (1893-1978) : elle fut la première femme parachutiste aux États-Unis, en 1913.

Elly Beinhorn (1907-2007) : Allemande, elle obtint son brevet en 1929 et fit de la voltige aérienne, un vol en solitaire en Afrique (1931) et le premier tour du monde en 1934. Elle pilota jusqu'à l'âge de 72 ans.

Élisabeth Boselli (1914-2005) : première femme pilote de chasse de l'armée de l'air française, en 1946, elle remporta plusieurs records du monde en 1955.

Jacqueline Auriol (1917-2000) : Française, concurrente amicale de Jacqueline Cochran, elle devint pilote d'essai en 1955 (la première sur avion à réaction).

Lydia Litvak (1921-1943) : pilote et as russe, elle effectua de nombreuses missions dès 1942 et aurait abattu une dizaine d'avions allemands. Sa disparition reste non élucidée…

Cyclisme

Connie Carpenter (1957) : Américaine, elle est la première médaillée en cyclisme sur route.

Jeannie Longo (1958) est la Française la plus titrée (57 fois au classement national et 13 fois au mondial) et son parcours sportif impressionnant est une suite ininterrompue d'exploits depuis 1979 : chaque année elle est soit championne de France, soit championne du monde, soit les deux en même temps…

Elle a été trois fois victorieuse au Tour de France féminin (1987, 1988 et 1989), a pulvérisé cinq fois le record féminin de vitesse (48 km/h en 1996, où elle dépassa alors les célèbres Fausto Coppi, Jacques Anquetil et autres champions…), a gagné 30 médailles olympiques (dont l'or aux JO d'Atlanta en 1996) et a remporté de nombreux records mondiaux…

Depuis 1984 (pas de cyclisme féminin avant), 33 femmes ont remporté une médaille d'or aux Jeux olympiques.

Escrime

Laura Flessel, dite « la Guêpe » **(1971)** : Française (Guadeloupéenne), première femme double médaille d'or à l'épée aux JO d'Atlanta en 1996, elle a aussi remporté 6 championnats du monde, 1 d'Europe et 15 nationaux.

Valentina Vezzali (1974) : Italienne, unique femme triple médaille d'or au fleuret (JO de 2000, 2004 et 2008), elle détient de nombreux records européens et mondiaux.

Dix-huit femmes ont remporté une médaille d'or au fleuret lors des JO depuis 1924.
Trois femmes ont remporté une médaille d'or à l'épée aux JO depuis 1996. Les Italiennes et les Françaises font partie des meilleures joueuses.

Gymnastique

Nadia Comaneci (1961) : Roumaine, elle devint champion d'Europe à 14 ans (elle fut la première à recevoir régulièrement la note parfaite de 10), deux fois champion du monde et neuf fois d'Europe. Elle a été la gymnaste la plus jeune, la plus célèbre dans le monde et une des plus douées dans toutes les disciplines (sol et agrès). Elle a remporté trois médailles d'or aux JO de Montréal en 1976 et encore deux aux JO de Moscou en 1980.

Plus de 100 médailles d'or ont été remportées par des femmes depuis 1928 aux Jeux olympiques, en grande majorité par des Russes. **Maria Gorokhovskaya (1921-2001)**, Ukrainienne, fut la première médaillée (en 1952) en tant qu'individuelle (les médailles précédentes furent attribuées aux équipes féminines seulement) et **Larissa Latynina (1934)** est la Soviétique la plus titrée avec 18 médailles dont 9 en or (de 1956 à 1964) (meilleur classement féminin olympique) et fut huit fois champion du monde.

Judo

Ingrid Berghmans (1961) a été la plus titrée au monde (hommes et femmes) et est considérée comme une des plus grandes sportives belges : six fois champion du monde et neuf fois d'Europe, une médaille d'or en 1988.

Ryōko Tani (**1975**) est une grande star japonaise. Elle est devenue la plus titrée (devançant Ingrid Berghmans) en étant sept fois championne du monde et la seule à remporter deux médailles d'or aux JO de Sydney en 2000 et Athènes en 2004. Elle est restée invaincue de 1996 à 2008…

35 médailles d'or ont été attribuées depuis 1992, les Japonaises et les Chinoises étant les grandes gagnantes.
Quatre Françaises ont été récompensées dont la première, **Catherine Fleury** (**1966**), remporta une médaille d'or aux JO de Barcelone (elle fut auparavant championne d'Europe et du monde en 1989).

Natation

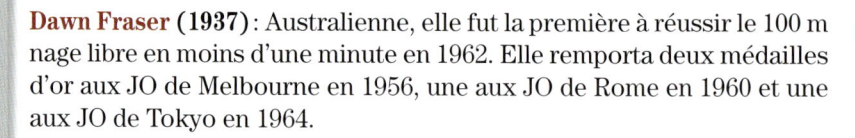

Dawn Fraser (**1937**) : Australienne, elle fut la première à réussir le 100 m nage libre en moins d'une minute en 1962. Elle remporta deux médailles d'or aux JO de Melbourne en 1956, une aux JO de Rome en 1960 et une aux JO de Tokyo en 1964.

Shane Gould (**1956**) : Australienne, elle gagna 11 records mondiaux de 1971 à 1973 et 3 médailles d'or aux JO de Munich en 1972. Elle fut la seule à battre tous les records du monde en nage libre (100 m, 150 m, et 200 m quatre nages).

Kornelia Ender (**1958**) : Allemande, elle détient 21 records du monde, a été quatre fois championne du monde en 1973 et quatre fois médaillée d'or aux JO de Montréal en 1976.

Laure Manaudou (**1986**) : Française, elle a remporté plus de 20 records, fut 55 fois championne de France, 17 fois d'Europe, 3 fois du monde et ajouta à son palmarès 3 médailles aux JO d'Athènes dont une en or (2004).

Plus de 200 médailles d'or ont été remises à des nageuses depuis 1912 aux Jeux olympiques, dans différentes catégories : brasse, dos, nage libre, papillon, quatre nages, relais… L'Australienne **Fanny Durack** (**1889-1956**) fut la première médaillée, à Stockholm. Les Américaines et les Australiennes arrivent en tête de classement.

Patinage

Madge Syers (**1881-1917**) : Britannique, elle fut la première femme championne du monde et la première médaillée (en solo et en couple : cas unique).

Sonja Henie (**1912-1969**) : Norvégienne, elle fut reçue première à 14 ans au championnat du monde (1927) et obtint une médaille d'or aux JO de Saint-Moritz en 1928. Elle fut encore neuf fois championne du monde (record inégalé à ce jour) et remporta deux autres médailles d'or aux JO de 1932 et 1936. Novatrice, elle lança la mode des jupes courtes et des gestuelles plus chorégraphiées. Elle fait partie des plus grandes patineuses mondiales.

Katarina Witt (1965) : Allemande, elle remporta deux médailles d'or, aux JO de Sarajevo en 1984 et de Calgary en 1988.
Elle a aussi été quatre fois championne du monde et six fois championne d'Europe. Très appréciée et populaire, ses performances techniques sur la glace sont parfaites et elle a modernisé le patinage en innovant artistiquement : costumes créés selon le thème (cinéma, légende, opéra, etc.), choix originaux de musiques récentes et moins classiques.

Depuis 1908, 23 patineuses ont reçu une médaille d'or olympique (en majorité des Américaines).

Ski

Annemarie Moser-Pröll (1953) : Autrichienne, elle remporta une médaille d'or de descente en 1980 aux JO de Lake Placid, fut trois fois championne du monde et détient le record de six coupes du monde : elle est une des meilleures skieuses mondiales.

Janica Kostelic (1982) : Croate, elle détient le plus grand nombre de titres olympiques : trois médailles d'or aux JO de Salt Lake City en 2002 (slalom, géant et combiné) et une médaille d'or aux JO de Turin en 2006. Elle fut aussi cinq fois championne du monde et fait partie des plus grandes skieuses.

Les épreuves de ski alpin en combiné sont ouvertes aux femmes depuis 1936. S'y sont ajoutées les épreuves de ski de descente et de slalom en 1948, de ski de fond et de slalom géant en 1952, de super-G en 1988, de ski acrobatique en 1992 et de snowboard en 1998.

Plus de 120 femmes ont reçu des médailles d'or, dont la première, en 1936 : **Christl Cranz (1914-2004)**, Allemande, médaille d'or en combiné et 12 fois championne du monde (la skieuse la plus titrée). Russes et Finlandaises sont largement en tête.

Skieuses médaillées olympiques françaises

Christine Goitschel (1944), médaille d'or en slalom aux JO d'Innsbruck (1964), sa sœur **Marielle Goitschel (1945)**, deux médailles d'or en slalom géant (1964) et en slalom (1968) à Grenoble.

Carole Montillet (1973), médaille d'or en descente aux JO de Salt Lake City en 2002.

Isabelle Blanc (1975), médaille d'or en snowboard en 2002.

Karine Ruby (1978-2009) : médaille d'or en snowboard (JO de Nagano en 1998), six fois championne mondiale, plus de 80 coupes du monde, elle fut la plus titrée. Mais, lors de sa formation de guide de haute montagne, elle chuta mortellement dans une crevasse.

Tennis

Charlotte Cooper (1870-1966), Britannique, fut la première femme médaillée d'or, aux JO de Paris, en 1900.

Marguerite Broquedis (1893-1983) fut la première Française médaillée d'or, aux JO de Stockholm en 1912.

Suzanne Lenglen (1899-1938) : Française, elle joua dès 1914 en championnat de France et devint championne du monde à 15 ans, puis gagna à Wimbledon en 1919 (victorieuse jusqu'en 1925). Elle remporta plus de 200 victoires dont 2 médailles d'or aux JO d'Anvers en 1920 (simple dames et double mixte). Elle lança la mode des jupes courtes et modernisa les techniques, attira le public et fut acclamée telle une star.

Martina Navratilova (1956) : Américaine d'origine tchèque, elle domina le tennis des années 1980, gagnant 18 tournois du Grand Chelem et 86 matchs en 1983 (record absolu), et 74 matchs d'affilée en 1984. Elle remporta 167 victoires en simple et 177 en double (record inégalé). Elle est la joueuse la plus titrée et fait partie des grandes championnes de tennis avec l'Américaine **Maureen Connolly (1934-1969)**, la première à remporter un Grand Chelem, en 1953, et l'Australienne **Margaret Smith (1942)** qui remporta 24 tournois et le Grand Chelem en 1970.

Steffi Graf (1969) : Allemande, elle gagna 22 tournois et le Grand Chelem (1988), ainsi qu'une médaille d'or en 1988 aux JO de Séoul. La seule à réussir sur quatre surfaces différentes, elle resta classée numéro 1 mondial pendant près de dix ans (de 1987 à 1997 : record absolu) et remporta 107 victoires en simple. Elle est une des meilleures joueuses mondiales.

Treize femmes ont remporté une médaille d'or lors des Jeux olympiques, dont : **Helen Wills (1905-1998)**, Américaine, une des grandes championnes avec 31 victoires en tournoi et deux médailles d'or aux JO de Paris en 1924 ; **Lindsay Davenport (1976)**, médaille d'or en 1996 ; **Serena Williams (1981)**, première Afro-Américaine victorieuse, avec quatre tournois au Grand Chelem, classée numéro 1 mondial en 2002 (comme sa sœur **Venus**) ; **Justine Henin (1982)**, Belge, sept victoires en Grand Chelem et une médaille d'or en 2004.

De nombreuses autres femmes se sont illustrées au niveau mondial, comme **Chris Evert (1954)**, Américaine, victorieuse au Grand Chelem (1974), cinq fois championne du monde et plus de 1 000 matchs gagnants ; **Helena Sukova (1965)**, Tchèque ; **Mary Pierce (1975)**,

Française ; **Amélie Mauresmo (1979)**, Française ; **Venus Williams (1980)**, sœur aînée de Serena, elle fut la première Afro-Américaine classée numéro 1 mondial (fév. 2002) ; **Maria Sharapova (1987)**, Russe.

Voile

Florence Arthaud, « la petite fiancée de l'Atlantique » **(1957)**, est la première femme française à avoir tenté la Route du Rhum (course en solitaire), en 1978, et la première à l'avoir remportée, en 1990, battant le record de la traversée de l'Atlantique Nord (en 9 jours et 21 heures). Coéquipière de Bruno Peyron, ils gagnèrent ensemble la Transpacifique en 1997.

Ellen MacArthur (1976), Britannique, elle gagna la Course de l'Europe en 1999, termina deuxième du Vendée Globe Challenge en 2001, remporta la Route du Rhum en 2002 et battit le record du tour du monde à la voile en solitaire en 2005 (en 71 jours et 14 heures). **Catherine Chabaud (1962)**, Française, l'avait précédée autour du monde en 1996 (6e position seulement).

Et aussi

Les régates de voile aux Jeux olympiques ont débuté en 1900, exclusivement masculines. **Ella Maillart** (1903-1997), Suisse, fut la première femme à y participer, en 1924.

La première médaillée d'or fut **Linda Andersen** (1969), Norvégienne, aux JO de Barcelone en 1992.

Isabelle Autissier (1956), Française, fut la première femme à participer à une course autour du monde (à la voile en solitaire), en 1991 (elle termina 7e).

Peggy Bouchet (1973), Française, a traversé l'océan Atlantique à la rame en 2000 (du Cap-Vert à la Martinique en moins de deux mois).

Victoria Murden (1963), Américaine, avait réussi le même exploit un mois avant.

Deux personnalités hors norme

Marie Marvingt, dite « la Fiancée du danger » **(1875-1963)**, fut une sportive et héroïne française au palmarès exceptionnel puisqu'elle fut une des premières à faire l'ascension de grands sommets, en 1903, puis à passer son permis automobile ; elle conduisit une locomotive et des bateaux à vapeur, fit Paris-Coblence en canoë (1905), fut la première femme à traverser la mer du Nord et la Manche en pilotant une montgolfière (1909). Elle passa ensuite son brevet de pilote (avion et hydravion) et fut la première championne mondiale de bobsleigh (1910)…

Pendant la Première Guerre mondiale, elle se battit dans les tranchées, déguisée en homme, avant de rejoindre les chasseurs alpins comme infirmière (utilisant son avion pour évacuer les blessés ou pour effectuer des missions militaires). Elle fut aussi infirmière de l'air lors de la Seconde Guerre mondiale…

Mildred Didrikson

Elle remporta de nombreux records mondiaux (elle fut la femme la plus décorée de France) en athlétisme, boxe, équitation (première à faire un saut périlleux au galop), escrime, golf, gymnastique, haltérophilie, natation (20 km en mer), patinage, polo, ski, sports de combat, tennis, tir… Elle parlait cinq langues, reçut une trentaine de décorations et étudia aussi de très nombreux domaines…

À 80 ans, en 1955, elle obtint son brevet de pilote d'hélicoptère ; à 86 ans, elle fit Nancy-Paris à vélo…

Mildred Didrikson (1911-1956) : Américaine d'origine norvégienne, elle devint basketteuse (elle marqua plus de 100 points), et pratiqua aussi le base-ball et le football américain, la boxe, la gymnastique, le tennis et le ski. Aux Jeux olympiques de Los Angeles en 1932, elle gagna deux médailles d'or pour le javelot et le saut de haies ainsi qu'une médaille d'argent pour le saut en hauteur. Elle apprit ensuite le golf en 1935, termina première dès son deuxième tournoi et fut admise à participer à un championnat masculin en 1938 (seules trois autres championnes eurent ensuite cette possibilité). En 1946, elle remporta 17 de ses 18 tournois. Elle fait partie des très grandes joueuses de golf.

Les artistes les plus récentes des années 1980, 1990, 2000 (chanson, cinéma, littérature, spectacles…) ne sont pas citées dans cet ouvrage. Elles sont encore très présentes actuellement et continuent leur carrière.

« Il est très difficile à une femme d'agir en égale de l'homme tant que cette égalité n'est pas universellement reconnue et concrètement réalisée. »
Simone de Beauvoir
Le Deuxième Sexe, tome 1